인강 할인 이벤트

맛있는스쿨 단과 강좌 할인 쿠폰

할인 코드: **hchy_biz_lv3**

단과 강좌 할인 쿠폰
20% 할인

할인 쿠폰 사용 안내
1. 맛있는스쿨(cyberjrc.com)에 접속하여 [회원가입] 후 로그인을 합니다.
2. 메뉴中[쿠폰] → 하단[쿠폰 등록하기]에 쿠폰번호 입력 → [등록]을 클릭하면 쿠폰이 등록됩니다.
3. [단과] 수강 신청 후, [온라인 쿠폰 적용하기]를 클릭하여 등록된 쿠폰을 사용하세요.
4. 결제 후, [나의 강의실]에서 수강합니다.

쿠폰 사용 시 유의 사항
1. 본 쿠폰은 맛있는스쿨 단과 강좌 결제 시에만 사용이 가능합니다.
2. 본 쿠폰은 타 쿠폰과 중복 할인이 되지 않습니다.
3. 교재 환불 시 쿠폰 사용이 불가합니다.
4. 쿠폰 발급 후 60일 내로 사용이 가능합니다.
5. 본 쿠폰의 할인 코드는 1회만 사용이 가능합니다.
*쿠폰 사용 문의 : 카카오톡 채널 @맛있는스쿨

전화 화상 할인 이벤트

맛있는톡 할인 쿠폰

할인 코드: **jrcphone2qsj**

전화&화상 외국어 할인 쿠폰
10,000원

할인 쿠폰 사용 안내
1. 맛있는톡 전화&화상 중국어(phonejrc.com), 영어(eng.phonejrc.com)에 접속하여 [회원가입] 후 로그인을 합니다.
2. 메뉴中[쿠폰] → 하단[쿠폰 등록하기]에 쿠폰번호 입력 → [등록]을 클릭하면 쿠폰이 등록됩니다.
3. 전화&화상 외국어 수강 신청 시 [온라인 쿠폰 적용하기]를 클릭하여 등록된 쿠폰을 사용하세요.

쿠폰 사용 시 유의 사항
1. 본 쿠폰은 전화&화상 외국어 결제 시에만 사용이 가능합니다.
2. 본 쿠폰은 타 쿠폰과 중복 할인이 되지 않습니다.
3. 교재 환불 시 쿠폰 사용이 불가합니다.
4. 쿠폰 발급 후 60일 내로 사용이 가능합니다.
5. 본 쿠폰의 할인 코드는 1회만 사용이 가능합니다.
*쿠폰 사용 문의 : 카카오톡 채널 @맛있는스쿨

\100만 독자의 선택/
맛있는 중국어 HSK 시리즈

기본서

▶ **시작**에서 **합격**까지 **4주** 완성
▶ 모의고사 **동영상 무료** 제공(6급 제외)
▶ 기본서+해설집+모의고사 All In One 구성
▶ 필수 **단어장** 별책 제공

맛있는 중국어
HSK 1~2급 첫걸음

맛있는 중국어
HSK 3급

맛있는 중국어
HSK 4급

맛있는 중국어
HSK 5급

맛있는 중국어
HSK 6급

모의고사

▶ 실전 HSK **막판 뒤집기**!
▶ 상세하고 친절한 **해설집 PDF** 파일 **제공**
▶ 학습 효과를 높이는 **듣기 MP3** 파일 **제공**

맛있는 중국어
HSK 1~2급
첫걸음 400제

맛있는 중국어
HSK 3급 400제

맛있는 중국어
HSK 4급 1000제

맛있는 중국어
HSK 5급 1000제

맛있는 중국어
HSK 6급 1000제

단어장

맛있는 중국어
HSK 1~4급 단어장

맛있는 중국어
HSK 1~3급 단어장

맛있는 중국어
HSK 4급 단어장

맛있는 중국어
HSK 5급 단어장

▶ 주제별 분류로 **연상 학습** 가능
▶ HSK **출제 포인트**와 **기출 예문**이 한눈에!
▶ **단어 암기**부터 HSK **실전 문제 적용**까지 한 권에!
▶ 단어&예문 **암기 동영상** 제공

초판 1쇄 발행	2013년 8월 30일
초판 7쇄 발행	2024년 2월 20일

기획	JRC 중국어연구소
저자	한민이
발행인	김효정
발행처	맛있는books
등록번호	제2006-000273호
편집	최정임
디자인	이솔잎
제작	박선희
삽화	멍은하
녹음	한국어 윤여진
	중국어 于海峰|曹红梅

주소	서울시 서초구 명달로 54 JRC빌딩 7층
전화	구입 문의 02.567.3861 | 02.567.3837
	내용 문의 02.567.3860
팩스	02.567.2471
홈페이지	www.booksJRC.com

ISBN	978-89-98444-08-2 14720
	978-89-98444-05-1 (세트)
정가	14,500원

Copyright ⓒ 2013 맛있는books

출판사의 허락 없이 이 책의 일부 또는 전부를 무단 복사·복제·전재·발췌할 수 없습니다.
잘못된 책은 구입처에서 바꿔 드립니다.

머리글

　21세기에 들어서면서 세계 경제의 흐름은 누가 뭐라고 해도 중국을 빼놓고는 말할 수 없게 되었지요. 얼마 전까지만 해도 경제 대국의 왕좌를 내놓을 것 같지 않던 미국이 휘청하면서, 2017년에는 중국이 세계 경제 최강국이 될 거라는 예측까지 나오고 있는 추세이니, 중국의 위력에 다시 한 번 놀라게 됩니다.

　1992년 한중 수교 이후 20여 년 동안, 한중 관계는 꾸준히 발전해 왔고, 중국은 이제 명실 공히 한국 제1의 무역·투자·관광 대상국이 되어, 우리와 갈수록 더 밀접한 관계를 유지하고 있지요. 상황이 이렇다 보니 대중국 사업에 종사하는 분들에게 있어 '중국어'는 더 이상 '제2외국어'가 아닌 꼭 필요한 '무기'로 여겨지고 있는 게 사실입니다.

　하지만, 안타깝게도 여전히 많은 분들이 중국어는 어려울 거라는 선입견에 사로잡혀 '중국어 학습'에 선뜻 도전하지 못하고, 특히 비즈니스 중국어라면 머리부터 절레절레 흔드시기도 하는데요. 물론 장소를 협상 테이블로 옮긴다면 약간의 전문 용어가 필요하겠지만, 일반적인 직장 생활에서라면 간단한 기초 회화 단어로도 충분히 대화를 할 수 있지요.

　다만 중국인들과 업무 협조할 때나 협상 등을 진행할 때는 양국 간의 국민성이나 문화 차이로 인해 오해가 생길 수 있는 부분이 있으니 평소에 중국인의 사고방식이나 중국의 문화, 역사에 대해 공부해 두시면 도움이 많이 됩니다.

　이 책은 필자가 중국 비즈니스를 하면서 얻은 실전 경험을 바탕으로, 1. 일상에서 업무 협상까지 현실적이고 공감할 수 있는 상황 설정 2. 쉽고 간단한 용어 사용 3. 각 과별 실전 비즈니스에 꼭 필요한 단어, 표현, 문화 지식 등의 자료를 제공하여 학습자들이 필요할 때 적절히 응용할 수 있도록 구성되어 있습니다. 그러니 이젠 비즈니스 중국어에 대한 두려움은 버리시고 친구를 만나듯 편하게 손을 내밀어 보세요.

　JRC북스와 필자가 정성을 다해 독자 여러분의 마음으로 지은 『맛있는 비즈니스 중국어』 시리즈가 여러분의 대중국 비즈니스 업무에 '자신감'과 '작은 힘'을 실어 드릴 수 있었으면 좋겠습니다.

　끝으로 너무나 재미난 작업을 할 수 있는 기회를 주신 JRC북스 김효정 원장님과 편집의 여왕 최정임 과장님께 진심으로 감사드립니다.

한민이

머리글	3	학습 내용	6
이 책의 구성	10	일러두기	12

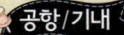 공항/기내

01과 这是您的登机牌，请拿好。 13
이것은 당신의 탑승권입니다, 잘 챙기세요.
什么的 | 是의 강조 용법 | 麻烦你 | 동사 靠

02과 我们的飞机马上要起飞了。 23
저희 비행기는 곧 이륙합니다.
접속사 还有 | 부사 顺便 | 没问题 | 부사 稍

 만남/이동

03과 我正在办理入境手续呢。 33
저는 입국 수속을 밟고 있습니다.
부사 刚 | 부사 早就 | 부사 亲自 | 조사 嘛

04과 您坐酒店班车D线就行。 43
호텔 리무진 D번을 타시면 됩니다.
……就行 | 접속사 要是 | 접속사 要不 | 부사 还是

 호텔

05과 我在网上预订了一个标准间。 53
저는 인터넷으로 일반룸을 예약했어요.
동사 帮 | 동사 含 | 부사 最好 | 동사 打算

06과 房间里可以上网吗? 63
객실에서 인터넷을 할 수 있나요?
부사 随时 | 동사 等 | 부사 大概 | 형용사 多

07과 我要退房，这是我的房卡。 73
체크아웃 하려고요, 여기 제 룸 카드입니다.
동사 开 | 到时候 | 부사 好像 | 방향보어 下来

 바이어 미팅

08과 我派车去接你吧。 83
제가 차를 보내 모시도록 할게요.
这么巧 | 安排의 용법 | 부사 可 | 접속사 既然

09과 我们的产品主要面向年轻一代。 93
우리 제품은 젊은이들을 겨냥하고 있습니다.
到……来 | 下海 | 동사 面向 | 那还用说

공장 견학

10과 中国也应该有一家代理商。　103
중국에도 당연히 대리상이 있어야겠네요.
동사 算 | 접속사 同时 | 受……欢迎 | 부사 毕竟

11과 贵公司对代理商有什么要求?　113
귀사는 대리상에 대해 어떤 요구 사항이 있나요?
전치사 为 | 대동사 搞 | 有道理 | 형용사 差不多

접대

12과 今天我们在这儿设小宴。　123
오늘 저희가 이곳에 조촐한 식사 자리를 마련했습니다.
为……洗尘 | 접속사 不过 | 동사 合 | 부사 简直

13과 我就以茶代酒吧。　133
차로 술을 대신하겠습니다.
동사 陪 | 以茶代酒 | 说实话 | 对……表示

쇼핑

14과 没有发票，一律不能退货。　143
영수증 없이는 다 환불이 안 됩니다.
这我不太清楚 | 没法 | 부사 一律 | 实在의 용법

15과 怪不得，这做得真别致。　153
어쩐지, 참 독특하다 싶었어요.
이중부정 不……不…… | 像……一样 | 怪不得 | 各의 용법

귀국

16과 我就在这儿告辞了。　163
전 여기서 이만 인사를 드리겠습니다.
동사 往返 | 替의 용법 | 전치사 向 | 一路平安

17과 您的行李超重了。　173
손님 짐은 중량 초과입니다.
동사 不许 | 不会吧 | 동사 省 | 怎么回事

출장 보고

18과 这次出差顺利吧?　183
이번에 출장 갔던 일은 잘 되었죠?
斤斤计较 | 접속사 而且 | 전치사 根据 | 동사 说明

부록

정답 및 해석　194
찾아보기　214

학습 내용 Level ❸ 중국 출장

주제		단원명	핵심 회화	핵심 구문	어법 포인트
공항·기내	1과	这是您的登机牌, 请拿好。 이것은 당신의 탑승권입니다. 잘 챙기세요.	• 부치는 짐이 없을 때 • 탑승 시간을 물어볼 때 • 탑승 수속하기	• 这些可以随身携带登机吧? • 我们什么时候可以登机? • 麻烦你能给我靠窗户的座位吗?	什么的 ｜ 是의 강조 용법 ｜ 麻烦你 ｜ 동사 靠
	2과	我们的飞机马上要起飞了。 저희 비행기는 곧 이륙합니다.	• 기내 안전 수칙 지키기 • 승무원에게 요구 사항이 있을 때 • 기내 서비스 이용하기	• 我们的飞机马上要起飞了。 • 小姐, 麻烦你给我一张毛毯, 可以吗? • 先生, 您还需要别的吗?	접속사 还有 ｜ 부사 顺便 ｜ 没问题 ｜ 부사 稍
만남·이동	3과	我正在办理入境手续呢。 저는 입국 수속을 밟고 있습니다.	• 입국장에서 늦게 나올 때 • 업체 직원을 못 만났을 때 • 업체 직원과 만나기	• 我刚下飞机, 正在办理入境手续呢。 • 我是从韩国来的金成功。 • 让您亲自来接我, 真不敢当!	부사 刚 ｜ 부사 早就 ｜ 부사 亲自 ｜ 조사 嘛
	4과	您坐酒店班车D线就行。 호텔 리무진 D번을 타시면 됩니다.	• 공항 리무진 타기 • 공항에서 택시 타기 • 숙소로 이동하기	• 去建国宾馆坐几号线班车呢? • 师傅, 麻烦你给我打开后备箱, 好吗? • 你今天好好儿休息, 业务的事明天再谈吧。	……就行 ｜ 접속사 要是 ｜ 접속사 要不 ｜ 부사 还是
호텔	5과	我在网上预订了一个标准间。 저는 인터넷으로 일반룸을 예약했어요.	• 호텔 예약 확인하기 • 조식 포함 확인하기 • 체크인 하기	• 你再看看, 我是前天预订的。 • 你们的早餐时间是几点啊? • 我在网上预订了一个标准间。	동사 帮 ｜ 동사 含 ｜ 부사 最好 ｜ 동사 打算
	6과	房间里可以上网吗? 객실에서 인터넷을 할 수 있나요?	• 인터넷 가능 여부 확인하기 • 비즈니스 센터 이용하기 • 호텔 근처 관광지 묻기	• 小姐, 房间里可以上网吗? • 等您退房时一起算吧。 • 这儿附近还有可以去看的地方吗?	부사 随时 ｜ 동사 等 ｜ 부사 大概 ｜ 형용사 多
	7과	我要退房, 这是我的房卡。 체크아웃 하려고요, 여기 제 룸카드입니다.	• 영수증 발급을 요구할 때 • 호텔에 짐을 맡길 때 • 체크아웃 하기	• 小姐, 你给我开发票, 好吗? • 我可以把这些行李寄存在这儿吗? • 我要退房, 这是我的房卡。	동사 开 ｜ 到时候 ｜ 부사 好像 ｜ 방향보어 下来
바이어 미팅	8과	我派车去接你吧。 제가 차를 보내 모시도록 할게요.	• 미팅 시간 잡기 • 약속 잡기 • 픽업 시간 조율하기	• 您看什么时候见面比较方便? • 今天晚上有什么安排吗? • 你说我派人几点过去好呢?	这么巧 ｜ 安排의 용법 ｜ 부사 可 ｜ 접속사 既然
	9과	我们的产品主要面向年轻一代。 우리 제품은 젊은이들을 겨냥하고 있습니다.	• 중국 업체 직원과 인사하기 • 회사에 대해 물어보기 • 신제품 소개하기	• 您就是刘经理, 久仰久仰。 • 我们公司是1997年成立的。 • 这是我们的产品目录, 请您过目。	到……来 ｜ 동사 下海 ｜ 동사 面向 ｜ 那还用说

주제		단원명	핵심 회화	핵심 구문	어법 포인트
공장 견학	10과	中国也应该有一家代理商。 중국에도 당연히 대리상이 있어야겠네요.	• 대리상에 관해 물어보기 • 중국 회사 상황 물어보기 • 제품 관련 대화하기	• 您的意思是想开拓高档市场? • 哪些产品会受中国年轻人的欢迎? • 您果然是内行啊。	동사 算 | 접속사 同时 | 受……欢迎 | 부사 毕竟
	11과	贵公司对代理商有什么要求? 귀사는 대리상에 대해 어떤 요구 사항이 있나요?	• 직영점 둘러보기 • 공장 둘러보기 • 대리상 계약 조건 이야기하기	• 这里的一切都是为顾客着想的。 • 你们车间搞得非常干净啊。 • 我们打算明年春季开始出售。	전치사 为 | 대동사 搞 | 有道理 | 형용사 差不多
접대	12과	今天我们在这儿设小宴。 오늘 저희가 이곳에 조촐한 식사 자리를 마련했습니다.	• 자리 배정하기 • 못 먹는 음식이 나왔을 때 • 식사하며 대화하기	• 小弟初来贵宝地还请大家多多关照。 • 不好意思, 我不能吃香菜。 • 您就别给我戴高帽了。	为……洗尘 | 접속사 不过 | 동사 合 | 부사 简直
	13과	我就以茶代酒吧。 차로 술을 대신하겠습니다.	• 술을 권할 때 • 술을 못 마실 상황일 때 • 술자리에서 대화하기	• 我就以茶代酒吧。 • 我平时不喝酒, 今天是破例。 • 为了我们的合作成功, 干杯!	동사 陪 | 以茶代酒 | 说实话 | 对……表示
쇼핑	14과	没有发票, 一律不能退货。 영수증 없이는 다 환불이 안 됩니다.	• 제품을 문의할 때 • 영수증이 있을 때 환불 받기 • 영수증 없이 환불하려고 할 때	• 请问一下, 这个商店里有没有旗袍专卖店? • 这是我昨天刚买的, 可我想退货。 • 如果您没带发票, 我们没法给您退货。	这我不太清楚 | 没法 | 부사 一律 | 实在의 용법
	15과	怪不得, 这做得真别致。 어쩐지, 참 독특하다 싶었어요.	• 사이즈 교환하기 • 다른 디자인으로 교환하기 • 선물 고르기	• 这件有点儿大, 可以换小点儿的吗? • 这件不大也不小, 正合适。 • 您帮我推荐一下吧。	이중부정 不……不…… | 像……一样 | 怪不得 各의 용법
귀국	16과	我就在这儿告辞了。 전 여기서 이만 인사를 드리겠습니다.	• OPEN 티켓 예약하기 • 티켓 예약 재확인하기 • 배웅할 때	• 我想再确认一下机票。 • 这几天您也受累了, 我再次感谢您。 • 你回去替我向李总问好。	동사 往返 | 替의 용법 | 전치사 向 | 一路平安
	17과	您的行李超重了。 손님 짐은 중량 초과입니다.	• 기내 반입 금지 물품을 들고 있을 때 • 짐이 중량을 초과했을 때 • 안전 검사를 할 때	• 这是禁止携带物品, 您得托运。 • 小姐, 我能不能拿出几样东西来? • 小姐, 怎么回事? 有问题吗?	동사 不许 | 不会吧 | 동사 省 | 怎么回事
출장 보고	18과	这次出差顺利吧? 이번에 출장 갔던 일은 잘 되었죠?	• 출장에서 돌아왔을 때 • 업체를 평가할 때 • 출장 결과에 대해 보고할 때	• 金代理, 辛苦了, 这次出差顺利吧? • 他们公司不但资信可靠, 公司的信誉也很好。 • 等下个月张总过来, 我们就签合同吧。	斤斤计较 | 접속사 而且 | 전치사 根据 | 동사 说明

학습 내용

Level 2 일상 업무

주제	단원명	학습 포인트
소개·안부	1. 我们的产品在国内生产。 저희 제품은 국내에서 생산합니다.	회화 ① 신입 사원 소개하기 ② 회사 소개하기 ③ 제품에 대해 묻기 어법 了의 용법
소개·안부	2. 你最近过得怎么样? 요즘 어떻게 지내세요?	회화 ① 업체 직원에 대해 물을 때 ② 길에서 지인을 만날 때 ③ 다른 회사에서 지인을 만날 때 어법 정도보어(程度补语)
통신수단	3. 张总的手机号码是多少? 장 사장님의 휴대 전화 번호는 몇 번인가요?	회화 ① 전화번호 묻기 ② 담당자 찾기 ③ 전화를 잘못 걸었을 때 어법 결과보어(结果补语)
통신수단	4. 我给你发短信吧。 제가 문자 메시지를 보낼게요.	회화 ① 이메일 주소 묻기 ② 팩스 번호 묻기 ③ 이메일 요청하기 어법 가능보어(可能补语)
통신수단	5. 他正在开会。 그는 회의 중입니다.	회화 ① 내선으로 돌릴 때 ② 부재 중 메시지를 남길 때 ③ 메시지 내용을 전달할 때 어법 진행문 │ 겸어문(兼语句)
사교	6. 我比你小两岁。 제가 당신보다 두 살 어려요.	회화 ① 나이 묻기 ② 띠 묻기 ③ 신변잡기 묻기 어법 의문부사 多로 묻는 의문문 │ 比를 쓰는 비교문 │ 수량보어(数量补语)
사교	7. 我去过三次中国。 저는 중국에 세 번 가 봤어요.	회화 ① 여행 경험을 물을 때 ② 요리에 대해 이야기할 때 ③ 숫자에 대해 이야기할 때 어법 동태조사 过
교통	8. 我是坐公共汽车来上班的。 저는 시내버스를 타고 출근해요.	회화 ① 출퇴근 교통수단을 물을 때 ② 차가 막힐 때 ③ 출퇴근 소요 시간을 물을 때 어법 是……的 강조 용법 │ 동태조사 着(1) │ 시간보어(时间补语)
교통	9. 一直往前走很快就到。 계속 앞으로 가시면 바로 도착해요.	회화 ① 길 묻기 ② 길을 잃었을 때 ③ 택시 타기 어법 전치사 往 │ 시간보어를 쓰는 문장의 의문문 │ 得의 여러 가지 용법
회의	10. 开会时间改了。 회의 시간이 바뀌었어요.	회화 ① 회의 시간 확인하기 ② 회의 시간 변경하기 ③ 미팅 시간 확인하기 어법 방향보어(趋向补语)
회의	11. 我把资料放在会议室了。 제가 자료를 회의실에 두었어요.	회화 ① 회의 자료 준비하기 ② 참가 인원 확인하기 ③ 회의 안건에 대해 토론하기 어법 把자문
일상 업무	12. 电脑被病毒感染了。 컴퓨터가 바이러스에 감염됐어요.	회화 ① 사무기기가 고장 났을 때 ② 사무 용품 절약하기 ③ 컴퓨터가 바이러스에 감염됐을 때 어법 형용사의 중첩 │ 被자문
일상 업무	13. 您又升职了? 또 승진하셨어요?	회화 ① 휴가 신청하기 ② 임금 인상에 대해 ③ 승진을 축하할 때 어법 동사 听说 │ 2음절 동사의 중첩 │ 只要……就……
일상 업무	14. 我们得跟老总商量商量。 저희는 사장님과 상의해 봐야 해요.	회화 ① 업무 진행 상황 확인하기 ② 타 부서에 협조 요청하기 ③ 해외 영업에 문제가 생겼을 때 어법 자주 쓰이는 가능보어 │ 越来越
주식·은행	15. 先看看情况再说吧。 우선 상황을 지켜본 후에 다시 얘기해요.	회화 ① 주식 시장에 대해 ② 환율 물어보기 ③ 부동산에 대해 어법 조사 地 │ 접속사 却 │ 동사 再说
주식·은행	16. 我想换人民币。 인민폐로 환전하려고요.	회화 ① 계좌 만들기 ② 환전하기 ③ 송금하기 어법 先……, 然后(再)…… │ 부사 必须 │ 부사 再와 又
중국문화	17. 我们吃长寿面。 우리는 장수면을 먹어요.	회화 ① 생일에 대해 ② 추석에 대해 ③ 중국 설 풍습에 대해 어법 임박태 용법
중국문화	18. 我给你做伴郎吧。 제가 신랑 들러리를 설게요.	회화 ① 주거 문화에 대해 ② 중국인의 금기를 물을 때 ③ 중국인의 결혼식에 대해 어법 형용사 一般 │ 대명사 人家 │ 동태조사 着(2)

Level ④ 실전 업무

주제	단원명	학습 포인트
바이어 내한	1 明天就谈订单的事吧。 내일 바로 주문에 관해 얘기하죠.	회화 ❶ 바이어 도착 날짜 확인하기 ❷ 바이어 마중가기 ❸ 바이어 만나기 어법 동사 包括 | 부사 恐怕 | 형용사 难得 | 이중부정 非……不可
협의	2 这批货不如上一批货好。 이번 물건은 지난번 것보다 못해요.	회화 ❶ 물품 수량 늘리기 ❷ 가공에 대해 물어보기 ❸ 제품 품질에 관해 이야기하기 어법 부사 按时 | 除了……以外, 还…… | 부사 重新 | 以……为……
바이어 접대	3 有朋自远方来, 不亦乐乎? 벗이 먼 곳에서 찾아오니, 이 또한 기쁘지 않겠어요?	회화 ❶ 바이어와 쇼핑가기 ❷ 바이어에게 선물하기 ❸ 바이어와 식사하기 어법 确实의 용법 | 请笑纳 | 属于 | 동사 当
이메일	4 贵公司发的邮件已经收到了。 귀사에서 보낸 메일은 이미 받았습니다.	회화 ❶ 메일 수신 확인하기 ❷ 메일 내용 확인하기 ❸ 내용에 오류 사항이 있을 때 어법 동사 以为 | 전치사 按照 | 及时의 용법 | 형용사 难免
팩스	5 贵公司的传真号码没有变化吧? 귀사의 팩스 번호는 바뀌지 않았죠?	회화 ❶ 팩스 수신 확인하기 ❷ 팩스 번호 확인하기 ❸ 추가 요청 사항 보내기 어법 부사 尽快 | 동사 争取 | 不是……吗? | 부사 尽管
샘플 요청	6 后天就把样品寄给你们。 모레 샘플을 부쳐 줄게요.	회화 ❶ 다른 업체의 샘플을 받았을 때 ❷ 샘플 추가 요청하기 ❸ 요청한 샘플 제작이 어려울 때 어법 A是A, 不过…… | 对……来说 | 不一定 | 一边……一边……
샘플 평가	7 两家的样品没什么差别。 두 회사의 샘플은 별 차이가 없어요.	회화 ❶ 샘플 도착 날짜 확인하기 ❷ 샘플 비교하기 ❸ 샘플 관련하여 보고하기 어법 海归 | 부사 光 | 没的说 | 包在……身上
전시회 준비	8 这个展会的知名度很高。 이 전시회의 지명도는 높아요.	회화 ❶ 국제 의류 전시회에 대해 이야기할 때 ❷ 전시회 기본 부스에 대해 이야기할 때 ❸ 의류 전시회에 대해 문의할 때 어법 동사 主办 | 不仅……也…… | 동사 为止 | 정도부사 蛮
전시회 상담	9 欢迎您光顾我们的展区。 저희 전시 부스에 오신 것을 환영합니다.	회화 ❶ 타사 제품에 대해 문의할 때 ❷ 타사 제품의 샘플을 요청할 때 ❸ 타 업체 방문 날짜 잡기 어법 大部分 | 동사 接受 | 명사 印象 | 好说
견적서	10 我们报的是成交价格。 저희가 제시한 것은 거래 가격입니다.	회화 ❶ 오퍼 유효 기간 확인하기 ❷ 견적가 조정하기 ❸ 견적가 협상하기 어법 부사 难以 | 동사 便于 | 부사 不断 | 부사 反正
가격 협상	11 我们两家各让5美元吧。 우리가 각각 5달러씩 양보하죠.	회화 ❶ 협상 조건 조정하기 ❷ 거래가 성사됐을 때 ❸ 가격 협상하기 어법 不是……而是…… | 부사 只好 | 连……都 | 不就完了吗?
주문	12 这种产品的起订量是一万件。 이 제품의 최저 주문량은 만 벌입니다.	회화 ❶ 주문량 협상하기 ❷ 주문 체결하기 ❸ 주문한 물품을 취소할 때 어법 부사 逐渐 | 형용사 够呛 | 부사 白 | 泡汤
물품 인도	13 下一批可以按时交货吧? 다음 물량은 예정대로 납품하실 수 있죠?	회화 ❶ 납품 날짜 조정하기 ❷ 납품 날짜 확인하기 ❸ 납품 일자 앞당기기 어법 동사 提前 | 不成问题 | 一如既往 | 동사 答应
지불 방식	14 你们开立信用证了吗? 신용장은 개설하셨나요?	회화 ❶ 지불 방식 물어보기 ❷ 신용장 개설 확인하기 ❸ 업체 지불 방식 문의하기 어법 采用……方式 | 在……内 | 影响의 용법 | 동사 超过
포장	15 这次最好采用悬挂式包装。 이번에는 옷걸이에 걸어 포장하는 게 좋겠습니다.	회화 ❶ 포장 방식에 대해 물을 때 ❷ 아웃 박스 디자인에 대해 ❸ 제품 포장에 대해 논의하기 어법 一般来说 | 대명사 任何 | 吃不消 | 去你的
선적	16 这批货从上海港装船。 이번 화물은 상하이항에서 선적합니다.	회화 ❶ 분할 선적 요청하기 ❷ 선적 장소에 대해 묻기 ❸ 선적 문제에 대해 어법 동사 预计 | 명사 下面 | 전치사 由 | 以便
계약 체결	17 明天我们就签合同吧。 내일 바로 계약합시다.	회화 ❶ 계약서 살펴보기 ❷ 이메일로 계약서 받기 ❸ 계약 조항 수정하기 어법 동사 指出 | 형용사 所有 | 전치사 对于 | 동사 失陪
클레임	18 贵公司必须得赔偿。 귀사에서 반드시 손해 배상을 하셔야 합니다.	회화 ❶ 제품 포장에 문제가 생겼을 때 ❷ 업체에 손해 배상을 요구할 때 ❸ 불량 제품 반품 처리를 요청할 때 어법 因为……而…… | 접속사 不管 | 전치사 经过 | 부사 另外

이 책의 구성

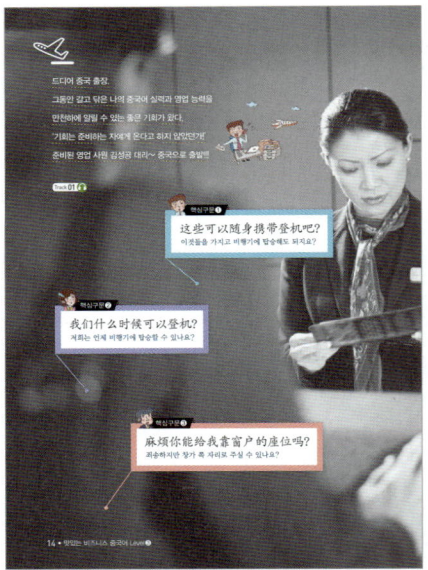

 핵심 구문

회화의 주요 핵심 구문이 각 상황별로 제시되어 있습니다. 생동감 넘치는 사진과 주인공 김성공의 재치 있는 이야기를 함께 담아 중국어 문장을 쉽게 이해할 수 있습니다.

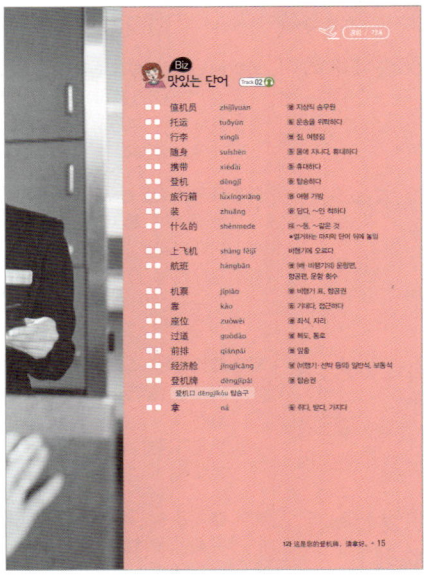

 **맛있는 단어**

각 과의 새 단어가 일목요연하게 정리되어 있습니다. 연관 단어가 함께 제시되어 있어 단어 학습에 효과적입니다.

 **맛있는 회화**

공항 입국부터 출장 보고까지 중국 출장 업무에서 만날 수 있는 다양한 상황들로 구성했습니다. 중국인의 언어 습관이 반영된 상황별 회화문을 통해 의사소통 능력을 향상시켜 보세요.

Tip 회화문과 관련된 단어나 표현을 제시하였습니다. 출장 업무에서 실용적으로 사용할 수 있는 표현도 함께 익혀 보세요.

10 • 맛있는 비즈니스 중국어 Level ❸

 맛있는 어법

회화문에 제시된 핵심 어법을 쉬운 설명과 활용도 높은 예문을 통해 한번에 정리할 수 있습니다.

중국 출장에 필요한 다양한 정보를 담았습니다. 거대한 중국을 한눈에 꿰뚫어 볼 수 있는 비즈니스의 달인이 되어 보세요.

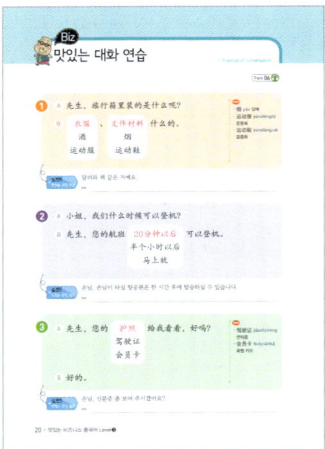

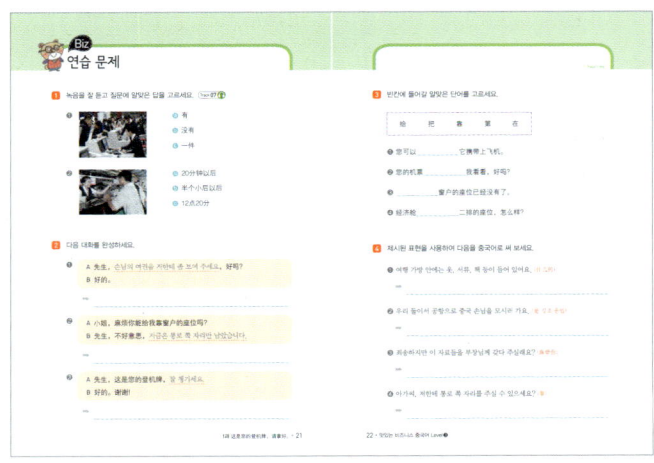

 맛있는 대화 연습

원어민의 정확한 발음을 들으며 다양한 예문을 따라 읽어 보세요. 실전에서도 막힘 없이 술술 말할 수 있는 실력을 기를 수 있습니다. 또한 문장마다 제시된 〈도전!! 맛있는 문장 훈련〉을 통해 다시 한번 실력을 꼼꼼히 체크해 보세요.

 연습 문제

녹음 내용 듣고 알맞은 답 고르기, 대화 완성하기, 빈칸에 들어갈 알맞은 단어 고르기, 작문하기 등 다양한 문제로 구성되어 있습니다. 헷갈리는 부분과 틀린 부분은 반드시 다시 한번 짚고 넘어가세요.

11

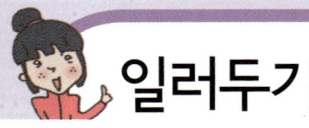
일러두기

⊙ 품사 약어표

품사명	약어	품사명	약어	품사명	약어
명사	명	고유명사	고유	조동사	조동
동사	동	인칭대명사	대	접속사	접
형용사	형	의문대명사	대	감탄사	감탄
부사	부	지시대명사	대	접두사	접두
수사	수	어기조사	조	접미사	접미
양사	양	동태조사	조		
전치사	전	구조조사	조		

⊙ 고유명사 표기

중국의 지명, 기관 등의 명칭은 중국어 발음을 한국어로 표기하였고, 인명은 각 나라에서 실제로 읽히는 발음을 한국어로 표기했습니다.

예) 北京 Běijīng 베이징　　　金成功 Jīn Chénggōng 김성공　　　安娜 Ānnà 안나

이 책의 주요 등장인물

金成功 Jīn Chénggōng

30세, 한국인
승리어패럴 해외 영업부 대리

상하이로 중국 출장을 가게 된 김성공 대리. 막중한 임무를 띠고, 드디어 상하이에 첫발을 내딛는다.
과연 그가 일을 잘 해결하고 돌아올지, 김성공의 흥미진진한 중국 출장기! 한번 살펴볼까요?

张小五 Zhāng Xiǎowǔ

40대 중반, 중국인
선녀어패럴 사장

여장부같이 화끈한 성격의 소유자 장 사장. 김성공이 처음 상하이에 도착한 날부터 떠나는 날까지, 회사 대표로서 한국 바이어와 어떻게 일을 진행하는지 눈여겨 보세요!

李大福 Lǐ Dàfú

50대 초중반, 한국인
승리어패럴 사장

이번 출장에 큰 기대를 갖고 있는 이대복 사장. 업무를 순조롭게 잘 마치고 돌아온 김성공의 보고를 받고 상사로서 어떤 말씀을 해 주시는지 확인해 보세요!

01 과

这是您的登机牌，请拿好。
Zhè shì nín de dēngjīpái, qǐng náhǎo.
이것은 당신의 탑승권입니다, 잘 챙기세요.

 공항/기내

상황 1 부치는 짐이 없을 때
상황 2 탑승 시간을 물어볼 때
상황 3 탑승 수속하기

— 什么的 | 是의 강조 용법 | 麻烦你 | 동사 靠

드디어 중국 출장.

그동안 갈고 닦은 나의 중국어 실력과 영업 능력을 만천하에 알릴 수 있는 좋은 기회가 왔다.

'기회는 준비하는 자에게 온다고 하지 않았던가!'

준비된 영업 사원 김성공 대리~ 중국으로 출발!!!

Track 01

핵심구문 ❶

这些可以随身携带登机吧?

이것들을 가지고 비행기에 탑승해도 되지요?

핵심구문 ❷

我们什么时候可以登机?

저희는 언제 비행기에 탑승할 수 있나요?

핵심구문 ❸

麻烦你能给我靠窗户的座位吗?

죄송하지만 창가 쪽 자리로 주실 수 있나요?

공항 / 기내

 Biz 맛있는 단어 Track 02

值机员	zhíjīyuán	명 지상직 승무원
托运	tuōyùn	동 운송을 위탁하다
行李	xíngli	명 짐, 여행짐
随身	suíshēn	동 몸에 지니다, 휴대하다
携带	xiédài	동 휴대하다
登机	dēngjī	동 탑승하다
旅行箱	lǚxíngxiāng	명 여행 가방
装	zhuāng	동 담다, ~인 척하다
什么的	shénmede	대 ~등, ~같은 것 *열거하는 마지막 단어 뒤에 놓임
上飞机	shàng fēijī	비행기에 오르다
航班	hángbān	명 (배·비행기의) 운항편, 항공편, 운항 횟수
机票	jīpiào	명 비행기 표, 항공권
靠	kào	동 기대다, 접근하다
座位	zuòwèi	명 좌석, 자리
过道	guòdào	명 복도, 통로
前排	qiánpái	명 앞줄
经济舱	jīngjìcāng	명 (비행기·선박 등의) 일반석, 보통석
登机牌	dēngjīpái	명 탑승권
登机口 dēngjīkǒu 탑승구		
拿	ná	동 쥐다, 받다, 가지다

1과 这是您的登机牌，请拿好。 • 15

맛있는 회화

상황1 부치는 짐이 없을 때 　Track 03

值机员　先生，有没有要托运的行李?
　　　　Xiānsheng, yǒu méiyǒu yào tuōyùn de xíngli?

金成功　没有。这些可以随身携带登机吧?
　　　　Méiyǒu. Zhèxiē kěyǐ suíshēn xiédài dēngjī ba?

值机员　旅行箱里装的是什么呢?
　　　　Lǚxíngxiāng li zhuāng de shì shénme ne?

金成功　衣服、文件材料什么的❶。
　　　　Yīfu、wénjiàn cáiliào shénmede.

值机员　先生，您可以把它携带上飞机。
　　　　Xiānsheng, nín kěyǐ bǎ tā xiédài shàng fēijī.

상황2 탑승 시간을 물어볼 때 　Track 04

金成功　小姐，我们什么时候可以登机?
　　　　Xiǎojiě, wǒmen shénme shíhou kěyǐ dēngjī?

值机员　是❷哪个航班?
　　　　Shì nǎge hángbān?

金成功　是MU8377航班。
　　　　Shì MU bā sān qī qī hángbān.

值机员　先生，您的航班20分钟以后可以登机。
　　　　Xiānsheng, nín de hángbān èrshí fēnzhōng yǐhòu kěyǐ dēngjī.

| Dialogue

상황3 탑승 수속하기 Track 05

金成功 你好！这是我的机票。
Nǐ hǎo! Zhè shì wǒ de jīpiào.

值机员 先生，您的护照给我看看，好吗？
Xiānsheng, nín de hùzhào gěi wǒ kànkan, hǎo ma?

金成功 好的。小姐，麻烦你❸能给我靠窗户的座位吗？
Hǎo de. Xiǎojiě, máfan nǐ néng gěi wǒ kào chuānghu de zuòwèi ma?

值机员 先生，不好意思，靠❹窗户的座位已经没有了。
Xiānsheng, bù hǎoyìsi, kào chuānghu de zuòwèi yǐjing méiyǒu le.

现在只有靠过道的。
Xiànzài zhǐ yǒu kào guòdào de.

金成功 是吗？那你能不能给我靠前排的座位呢？
Shì ma? Nà nǐ néng bu néng gěi wǒ kào qiánpái de zuòwèi ne?

值机员 我看看，先生，经济舱第二排的座位，怎么样？
Wǒ kànkan, xiānsheng, jīngjìcāng dì-èr pái de zuòwèi, zěnmeyàng?

金成功 挺好，挺好。
Tǐng hǎo, tǐng hǎo.

值机员 先生，这是您的登机牌，请拿好。
Xiānsheng, zhè shì nín de dēngjīpái, qǐng náhǎo.

Tip + 공항 관련 단어
- 国内航班 guónèi hángbān 국내선
- 国际航班 guójì hángbān 국제선
- 头等舱 tóuděngcāng 일등석
- 商务舱 shāngwùcāng 비즈니스 클래스
- 登机手续 dēngjī shǒuxù 탑승 수속
- 安全检查 ānquán jiǎnchá 출입국 심사
- 行李提取处 xíngli tíqǔchù 수하물 수취소
- 行李手推车 xíngli shǒutuīchē 수하물 카트

맛있는 어법

❶ 衣服、文件材料什么的。

'什么的'는 '~등, ~같은 것'의 뜻으로 열거하는 여러 단어 뒤에 위치해 '……之类(……zhīlèi ~류)'의 뜻을 나타냅니다. 때로는 한 단어 뒤에 쓰이기도 합니다.

加班什么的最讨厌了！ 잔업 같은 게 가장 싫어요!
Jiābān shénmede zuì tǎoyàn le!

报纸、手机、公文包什么的都放在桌子上。
Bàozhǐ, shǒujī, gōngwénbāo shénmede dōu fàngzài zhuōzi shang.
신문, 휴대 전화, 서류 가방 등이 다 책상 위에 놓여 있어요.

🆕 公文包 gōngwénbāo 명 서류 가방

❷ 是哪个航班?

是는 주어나 동사 앞에 놓여 강조를 나타냅니다. 강조 용법은 회화에서 자주 쓰이는 표현입니다.

是谁告诉你的？ 我没告诉过任何人。
Shì shéi gàosu nǐ de? Wǒ méi gàosu guo rènhé rén.
누가 당신에게 알려줬어요? 저는 아무한테도 얘기 안 했어요.

麻烦的是我不会说外语。 골치 아픈 건 내가 외국어를 하지 못한다는 거예요.
Máfan de shì wǒ bú huì shuō wàiyǔ.

🆕 任何人 rènhé rén 누구나 | 外语 wàiyǔ 명 외국어

❸ 小姐，麻烦你能给我靠窗户的座位吗?

상대방한테 뭔가를 부탁할 때 쓰는 표현으로, 일반적으로 문장 맨 앞에 놓여 '麻烦你'로 시작합니다. 때로는 '폐를 끼치다'의 뜻으로 쓰입니다.

麻烦你把圆珠笔递给我，好吗？ 죄송한데요, 볼펜 좀 저한테 건네주시겠어요?
Máfan nǐ bǎ yuánzhūbǐ dìgěi wǒ, hǎo ma?

| Grammar

麻烦你让一让，可以吗? 죄송하지만 좀 비켜 주시겠습니까?
Máfan nǐ ràng yi ràng, kěyǐ ma?

对不起，麻烦你了! 죄송합니다. 폐를 끼쳤습니다.
Duìbuqǐ, máfan nǐ le!

> new 圆珠笔 yuánzhūbǐ 명 볼펜 | 递 dì 동 건네주다 | 让 ràng 동 양보하다

4 靠窗户的座位已经没有了。

靠는 동사로 '~에 기대다, ~에 인접하다, ~에 의지하다(~을 믿다)'라는 여러 가지 의미로 쓰입니다.

小王靠墙站着。 왕 군은 벽에 기대어 서 있습니다. (→ ~에 기대다)
Xiǎo Wáng kào qiáng zhànzhe.

请靠右边走。 오른쪽에 붙어서 걸으세요. (→ ~에 인접하다)
Qǐng kào yòubian zǒu.

他办事靠不住。 그가 일하는 건 믿을 수가 없어요. (→ ~을 믿다)
Tā bànshì kào bu zhù.

> new 墙 qiáng 명 벽 | 靠不住 kào bu zhù 믿을 수가 없다

+ **완벽한 사전 준비는 출장의 첫 단추** *다음 항목을 체크해 보세요.

☐ **중국 비자 발급 받기**
중국대사관 영사관에서 발급을 받거나 여행사를 통해 발급 받을 수 있다. 비자는 중국으로 가기 20일 전에 신청하는 게 좋다.

☐ **항공권 예약하기**
항공권을 예약할 때는 출발지와 목적지, 출국과 입국 날짜, 여권에 기재된 영문 이름과 여권 번호를 알려주면 된다. 또한 떠나기 전에 반드시 다시 한번 항공사에 전화를 걸어 예약을 재확인 해야 한다.

☐ **환전하기**
중국에서 원화나 달러를 환전할 경우 환율에 차액이 발생할 수 있다. 따라서 도착해서 바로 써야 하는 교통비나 숙박비 정도는 중국 元으로 환전해 가는 것이 좋다.

Biz 맛있는 대화 연습

| Practice of Conversation

Track 06

1
A 先生，旅行箱里装的是什么呢?

B <u>衣服</u>、<u>文件材料</u> 什么的。
　　酒　　　烟
　　运动服　运动鞋

new
- 烟 yān 담배
- 运动服 yùndòngfú 운동복
- 运动鞋 yùndòngxié 운동화

도전!! 맛있는 문장 훈련
달러와 책 같은 거예요.
_____

2
A 小姐，我们什么时候可以登机?

B 先生，您的航班 <u>20分钟以后</u> 可以登机。
　　　　　　　　　半个小时以后
　　　　　　　　　马上就

도전!! 맛있는 문장 훈련
손님, 손님이 타실 항공편은 한 시간 후에 탑승하실 수 있습니다.
_____

3
A 先生，您的 <u>护照</u> 给我看看，好吗?
　　　　　　 驾驶证
　　　　　　 会员卡

new
- 驾驶证 jiàshǐzhèng 면허증
- 会员卡 huìyuánkǎ 회원 카드

B 好的。

도전!! 맛있는 문장 훈련
손님, 신분증 좀 보여 주시겠어요?
_____

 연습 문제

1 녹음을 잘 듣고 질문에 알맞은 답을 고르세요. Track 07

①
ⓐ 有
ⓑ 没有
ⓒ 一件

②
ⓐ 20分钟以后
ⓑ 半个小后以后
ⓒ 12点20分

2 다음 대화를 완성하세요.

① A 先生，<u>손님의 여권을 저한테 좀 보여 주세요</u>，好吗?
B 好的。

➡ _____

② A 小姐，麻烦你能给我靠窗户的座位吗?
B 先生，不好意思，<u>지금은 통로 쪽 자리만 남았습니다</u>.

➡ _____

③ A 先生，这是您的登机牌，<u>잘 챙기세요</u>.
B 好的。谢谢!

➡ _____

| Exercise

3 빈칸에 들어갈 알맞은 단어를 고르세요.

| 给　　把　　靠　　第　　在 |

❶ 您可以＿＿＿＿＿它携带上飞机。

❷ 您的机票＿＿＿＿＿我看看，好吗？

❸ ＿＿＿＿＿窗户的座位已经没有了。

❹ 经济舱＿＿＿＿＿二排的座位，怎么样？

4 제시된 표현을 사용하여 다음을 중국어로 써 보세요.

❶ 여행 가방 안에는 옷, 서류, 책 등이 들어 있어요. (什么的)

　➡ ＿＿＿＿＿＿＿＿＿＿＿＿＿＿＿＿＿＿＿＿

❷ 우리 둘이서 공항으로 중국 손님을 모시러 가요. (是 강조 용법)

　➡ ＿＿＿＿＿＿＿＿＿＿＿＿＿＿＿＿＿＿＿＿

❸ 죄송하지만 이 자료들을 부장님께 갖다 주실래요? (麻烦你)

　➡ ＿＿＿＿＿＿＿＿＿＿＿＿＿＿＿＿＿＿＿＿

❹ 아가씨, 저한테 통로 쪽 자리를 주실 수 있으세요? (靠)

　➡ ＿＿＿＿＿＿＿＿＿＿＿＿＿＿＿＿＿＿＿＿

02과

我们的飞机马上要起飞了。
Wǒmen de fēijī mǎshàng yào qǐfēi le.
저희 비행기는 곧 이륙합니다.

 공항/기내

상황1 기내 안전 수칙 지키기
상황2 승무원에게 요구 사항이 있을 때
상황3 기내 서비스 이용하기

– 접속사 还有 | 부사 顺便 | 没问题 | 부사 稍

오랜만에 다시 타는 중국행 국제선.
대학 시절에는 호기심에 찾아 나섰던 중국이었지만,
이제는 엄연히 회사를 대표해 '딜'을 성사시키러 간다.
아~ 이 뿌듯함!! 누가 그랬던가, 국제선은 마약이라고.
그런데 어쩌나, 나 김성공 이 마약에 중독되고 싶어졌다.

Track 08

핵심구문 ①

我们的飞机马上要起飞了。
저희 비행기는 곧 이륙합니다.

핵심구문 ②

小姐，麻烦你给我一张毛毯，可以吗?
아가씨, 죄송하지만 담요 한 장만 주실 수 있나요?

핵심구문 ③

先生，您还需要别的吗?
손님, 다른 것이 더 필요하신가요?

공항 / 기내

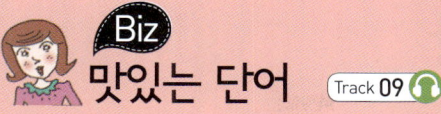 Track 09

☐☐	空姐	kōngjiě	명 스튜어디스
	空少 kōngshào 스튜어드, 남자 승무원		
☐☐	起飞	qǐfēi	동 이륙하다
	着陆 zhuólù 착륙하다		
☐☐	关机	guānjī	동 전원을 끄다
	开机 kāijī 전원을 켜다		
☐☐	还有	háiyǒu	접 그리고, 또한
☐☐	系	jì	동 매다, 묶다
	系领带 jì lǐngdài 넥타이를 매다		
☐☐	安全带	ānquándài	명 안전벨트
☐☐	忘	wàng	동 잊다
	忘不了 wàng bu liǎo 잊을 수가 없다		
☐☐	入境卡	rùjìngkǎ	명 입국 카드
	出境卡 chūjìngkǎ 출국 카드		
☐☐	毛毯	máotǎn	명 담요
☐☐	顺便	shùnbiàn	부 ~하는 김에, 겸사겸사
☐☐	矿泉水	kuàngquánshuǐ	명 생수
☐☐	冰块儿	bīngkuàir	명 얼음
☐☐	橙汁	chéngzhī	명 오렌지 주스
	咖啡 kāfēi 커피 | 茶 chá 차		

2과 我们的飞机马上要起飞了。• 25

맛있는 회화

상황1 기내 안전 수칙 지키기 　Track 10

空　姐　先生，我们的飞机马上要起飞了，请把手机关机，好吗？
　　　　Xiānsheng, wǒmen de fēijī mǎshàng yào qǐfēi le, qǐng bǎ shǒujī guānjī, hǎo ma?

金成功　好的。我马上就关机。
　　　　Hǎo de. Wǒ mǎshàng jiù guānjī.

空　姐　还有❶，先生，您也得系好安全带。
　　　　Háiyǒu, xiānsheng, nín yě děi jìhǎo ānquándài.

金成功　哎呀！不好意思！我忘了。
　　　　Āiyā! Bù hǎoyìsi! Wǒ wàng le.

상황2 승무원에게 요구 사항이 있을 때　Track 11

空　姐　先生，这是您的入境卡。
　　　　Xiānsheng, zhè shì nín de rùjìngkǎ.

金成功　谢谢！小姐，麻烦你给我一张毛毯，可以吗？
　　　　Xièxie! Xiǎojiě, máfan nǐ gěi wǒ yì zhāng máotǎn, kěyǐ ma?

空　姐　可以，我一会儿去拿。
　　　　Kěyǐ, wǒ yíhuìr qù ná.

金成功　好的。小姐，顺便❷给我倒一杯水，可以吗？
　　　　Hǎo de. Xiǎojiě, shùnbiàn gěi wǒ dào yì bēi shuǐ, kěyǐ ma?

空　姐　可以，没问题❸。
　　　　Kěyǐ, méi wèntí.

| Dialogue

상황3 기내 서비스 이용하기 Track 12

空姐 先生，您要喝点儿什么?
Xiānsheng, nín yào hē diǎnr shénme?

金成功 我要矿泉水。啊! 小姐，这是中国啤酒吗?
Wǒ yào kuàngquánshuǐ. À! Xiǎojiě, zhè shì Zhōngguó píjiǔ ma?

空姐 是啊，您想喝点儿吗?
Shì a, nín xiǎng hē diǎnr ma?

金成功 不，我喝矿泉水。小姐，你这儿有没有冰块儿啊?
Bù, wǒ hē kuàngquánshuǐ. Xiǎojiě, nǐ zhèr yǒu méiyǒu bīngkuàir a?

空姐 有，请稍❹等。
Yǒu, qǐng shāo děng.

金成功 小姐，你再给我倒杯橙汁，好吗?
Xiǎojiě, nǐ zài gěi wǒ dào bēi chéngzhī, hǎo ma?

空姐 好的。先生，您还需要别的吗?
Hǎo de. Xiānsheng, nín hái xūyào biéde ma?

金成功 不需要了，谢谢!
Bù xūyào le, xièxie!

Tip ➕ 기내 관련 단어

- 机长 jīzhǎng 기장
- 机内便餐 jīnèi biàncān 기내식
- 紧急出口 jǐnjí chūkǒu 비상구
- 行李架 xínglijià 기내 짐칸
- 乘务员 chéngwùyuán 승무원
- 救生衣 jiùshēngyī 구명의, 구명 조끼
- 指示灯 zhǐshìdēng 지시등
- 客舱 kècāng (배·비행기의) 객실

맛있는 어법

① 还有, 先生, 您也得系好安全带。

还有는 접속사로 쓰여 '그리고, 또한'의 뜻을 나타냅니다. 보통 앞에 전제가 되는 상황을 제시하고, 그 외에 다른 것이 있음을 의미합니다.

春夏秋, 还有冬。 봄, 여름, 가을 그리고 겨울.
Chūn xià qiū, háiyǒu dōng.

我得写报告, 还有, 也要去一趟公司。
Wǒ děi xiě bàogào, háiyǒu, yě yào qù yí tàng gōngsī.
저는 보고서를 써야 하고, 또 회사에도 한 번 갔다 와야 합니다.

② 小姐, 顺便给我倒一杯水, 可以吗?

부사 顺便은 '~하는 김에, 겸사겸사'의 뜻으로 어떤 한 동작을 하면서 동시에 다른 동작을 한 가지 더 할 때 많이 씁니다.

你去旅行社时, 顺便拿我的机票回来。 여행사에 가는 김에 내 비행기 표 좀 가져다 주세요.
Nǐ qù lǚxíngshè shí, shùnbiàn ná wǒ de jīpiào huílai.

我去深圳出差, 顺便了解一下那里的情况。
Wǒ qù Shēnzhèn chūchāi, shùnbiàn liǎojiě yíxià nàlǐ de qíngkuàng.
나는 선전으로 출장 가는 김에 그곳 상황도 좀 알아보려고 해요.

_{new} 深圳 Shēnzhèn 고유 선전 | 了解 liǎojiě 통 이해하다

③ 可以, 没问题。

没问题는 '문제없다'라는 뜻으로 어떤 일을 처리할 만한 능력이 된다는 자신감을 나타내며 회화에서 자주 쓰입니다.

没问题, 这件事我去办。 문제없어요, 이 일은 제가 처리할게요.
Méi wèntí, zhè jiàn shì wǒ qù bàn.

这么做没问题吧? 이렇게 해도 문제없겠죠?
Zhème zuò méi wèntí ba?

| Grammar

4 请稍等。

부사 稍는 '약간, 조금'이라는 뜻으로, 정도가 심하지 않거나 수량이 많지 않거나 시간의 길이가 길지 않음을 나타냅니다. 일반적으로 '请稍等'과 '稍+동사+一下/一点儿/一会儿' 형식으로 많이 쓰입니다.

对不起，请稍等！ 죄송합니다만 잠시만 기다려 주세요.
Duìbuqǐ, qǐng shāo děng!

请稍等一会儿，张总马上就到。 잠시만 기다려 주세요. 장 사장님은 곧 도착하십니다.
Qǐng shāo děng yíhuìr, Zhāng zǒng mǎshàng jiù dào.

비즈니스 달인을 위한 Tip

+ 기본 중의 기본! 출입국 카드 작성법
중국으로 출장이나 여행을 갈 때 비행기 안에서 반드시 작성해야 하는 것이 출입국 카드이다. 영문으로 작성하여 제출하면 된다.

☐ 출국 카드
❶ 外国人出境卡 wàiguórén chūjìngkǎ 외국인 출국 카드 ❷ 姓 xìng (여권 상의) 영문 성 ❸ 名 míng (여권 상의) 영문 이름 ❹ 护照号码 hùzhào hàomǎ 여권번호 ❺ 出生日期 chūshēng rìqī (여권 상의) 생년월일 ❻ 男 nán 남/女 nǚ 여(남성, 여성 성별 체크) ❼ 航班号 hángbānhào 비행기 편명 ❽ 国籍 guójí 국적 ❾ 签名 qiānmíng 서명

☐ 입국 카드
❿ 外国人入境卡 wàiguórén rùjìngkǎ 외국인 입국 카드 ⓫ 在华住址 zài Huá zhùzhǐ 중국 내 체류 할 주소 (호텔 주소나 자신이 머무는 곳 기입) ⓬ 签证号码 qiānzhèng hàomǎ 비자 번호 ⓭ 签证签发地 qiānzhèng qiānfādì 비자 발급 도시

맛있는 대화 연습

| Practice of Conversation

Track 13

1
A 请把 手机关机 ，好吗?
　　　电脑关上
　　　摄像机关上

new
• 摄像机 shèxiàngjī 비디오 카메라

B 好的。我马上就 关机 | 关上 | 关上 。

 텔레비전 전원을 꺼 주시겠어요?

2
A 小姐，麻烦你给我 一张毛毯 ，可以吗?
　　　　　　　　　　一支笔
　　　　　　　　　　一张入境卡

new
• 支 zhī 자루, 개피(가늘고 긴 물건을 세는 단위)

B 可以，我一会儿去拿。

 아가씨, 죄송하지만 물 한 잔만 주시겠어요?

3
A 先生，您要喝点儿什么?

B 我要 矿泉水 。
　　　橙汁
　　　可乐

new
• 可乐 kělè 콜라

커피 주세요.

연습 문제

1 녹음을 잘 듣고 질문에 알맞은 답을 고르세요. Track 14

❶
- ⓐ 喝水
- ⓑ 把手机关机
- ⓒ 系好安全带

❷
- ⓐ 啤酒
- ⓑ 矿泉水
- ⓒ 咖啡

2 다음 대화를 완성하세요.

❶ A 先生，이건 손님의 입국 카드입니다.
　B 谢谢!

➡ _____

❷ A 小姐，여기 얼음이 있나요?
　B 有，请稍等。

➡ _____

❸ A 小姐，你再给我倒杯橙汁，好吗?
　B 好的。先生，다른 것 더 필요하신 게 있나요?

➡ _____

3 빈칸에 들어갈 알맞은 단어를 고르세요.

再　　得　　又　　点儿　　麻烦

❶ 先生，您也_____系好安全带。

❷ 小姐，_____你给我一杯水，可以吧？

❸ 先生，您要喝_____什么？

❹ 你_____给我倒杯橙汁，好吗？

4 제시된 표현을 사용하여 다음을 중국어로 써 보세요.

❶ 전 보고서도 써야 하고, 또 회의에도 참가해야 해요. (还有)

　➡ _____

❷ 자네 여행사 가는 김에, 내 여권 좀 찾아오게. (顺便)

　➡ _____

❸ 제가 이렇게 말해도 문제없겠죠? (没问题)

　➡ _____

❹ 죄송합니다. 잠시만 기다려 주세요. 한 부장님께서는 바로 돌아오십니다. (请稍等)

　➡ _____

03과

我正在办理入境手续呢。
Wǒ zhèngzài bànlǐ rùjìng shǒuxù ne.
저는 입국 수속을 밟고 있습니다.

 만남/이동

- 상황1 입국장에서 늦게 나올 때
- 상황2 업체 직원을 못 만났을 때
- 상황3 업체 직원과 만나기

— 부사 刚 | 부사 早就 | 부사 亲自 | 조사 嘛

다시 만난 상하이, 정겨움이 확~ 밀려든다.
입국 수속을 마친 후 만남의 장소로 가 보니,
장 사장님께서 직접 마중을 나와 계신다.
첫 만남인데도 나를 帅哥(shuàigē)라 부르시며 마음을 편하게 해 주시네~
이번 합작 건은 아무래도 잘 풀릴 것 같다.

Track 15

핵심구문 ①

我刚下飞机，正在办理入境手续呢。
저는 방금 내려서 입국 수속을 밟고 있는 중입니다.

핵심구문 ②

我是从韩国来的金成功。
저는 한국에서 온 김성공입니다.

핵심구문 ③

让您亲自来接我，真不敢当！
직접 마중 나오시니 몸 둘 바를 모르겠습니다.

만남 / 이동

Biz 맛있는 단어 Track 16

刚	gāng	막, 방금
办理	bànlǐ	처리하다, (수속을) 밟다
入境	rùjìng	입국하다

出境 chūjìng 출국하다

手续	shǒuxù	수속
哦	ò	(어떤 사실이나 상황에 대해 깨달았을 때의) 아, 오
早就	zǎojiù	일찌감치, 벌써
会合点	huìhédiǎn	만남의 장소
灰色	huīsè	회색
西服	xīfú	양복

晚礼服 wǎnlǐfú 이브닝드레스, 연회복

| 帅哥 | shuàigē | 핸섬보이 |

靓女 liàngnǚ 미녀, 미인

终于	zhōngyú	마침내, 결국
仙女服装有限公司	Xiānnǚ Fúzhuāng Yǒuxiàn Gōngsī	선녀어패럴
亲自	qīnzì	친히, 직접
接	jiē	마중하다, 받다

送 sòng 배웅하다

嘛	ma	~잖아요
订	dìng	예약하다
建国宾馆	Jiànguó Bīnguǎn	지엔구어 호텔
徐家汇	Xújiāhuì	쉬지아후에이 *상하이의 서남부에 위치한 번화가로 주위에 전자 상가와 백화점이 몰려 있음

3과 我正在办理入境手续呢。 • 35

맛있는 회화

상황1 입국장에서 늦게 나올 때 (Track 17)

张小五： 喂！金代理，你下飞机了吗？
Wéi! Jīn dàilǐ, nǐ xià fēijī le ma?

金成功： 我刚❶下飞机，正在办理入境手续呢。
Wǒ gāng xià fēijī, zhèngzài bànlǐ rùjìng shǒuxù ne.

张小五： 哦，那我在外边等你。
Ò, nà wǒ zài wàibian děng nǐ.

金成功： 好的。一会儿见。
Hǎo de. Yíhuìr jiàn.

상황2 업체 직원을 못 만났을 때 (Track 18)

金成功： 喂！是张总吗？我是从韩国来的金成功。
Wéi! Shì Zhāng zǒng ma? Wǒ shì cóng Hánguó lái de Jīn Chénggōng.

张小五： 金代理，你出来了吗？我怎么没看见你呢？
Jīn dàilǐ, nǐ chūlai le ma? Wǒ zěnme méi kànjiàn nǐ ne?

金成功： 张总，我早就❷出来了。我在会合点这儿。
Zhāng zǒng, wǒ zǎojiù chūlai le. Wǒ zài huìhédiǎn zhèr.

张小五： 你是穿着灰色西服的帅哥，对吧？我终于找到你了。
Nǐ shì chuānzhe huīsè xīfú de shuàigē, duì ba? Wǒ zhōngyú zhǎodào nǐ le.

金成功： 哦！我也看到您了。
Ò! Wǒ yě kàndào nín le.

| Dialogue

상황3 업체 직원과 만나기 Track 19

张小五 你是从韩国来的金先生吧?
　　　　Nǐ shì cóng Hánguó lái de Jīn xiānsheng ba?

金成功 对，我就是。
　　　　Duì, wǒ jiù shì.

张小五 你好! 我是仙女服装有限公司的张小五。
　　　　Nǐ hǎo! Wǒ shì Xiānnǚ Fúzhuāng Yǒuxiàn Gōngsī de Zhāng Xiǎowǔ.

金成功 是张总啊? 让您亲自❸来接我，真不敢当!
　　　　Shì Zhāng zǒng a? Ràng nín qīnzì lái jiē wǒ, zhēn bù gǎndāng!

张小五 你也太客气了，这是应该的。路上辛苦了吧?
　　　　Nǐ yě tài kèqi le, zhè shì yīnggāi de. Lùshang xīnkǔ le ba?

金成功 没有，上海离首尔很近嘛❹。
　　　　Méiyou, Shànghǎi lí Shǒu'ěr hěn jìn ma.

张小五 你住哪个宾馆? 我们送你到宾馆去。
　　　　Nǐ zhù nǎge bīnguǎn? Wǒmen sòng nǐ dào bīnguǎn qù.

金成功 我订了建国宾馆。
　　　　Wǒ dìng le Jiànguó Bīnguǎn.

张小五 是徐家汇那儿的吧? 金代理，咱们走吧。
　　　　Shì Xújiāhuì nàr de ba? Jīn dàilǐ, zánmen zǒu ba.

Tip

➕ 출입국 관련 단어

- 海关 hǎiguān 세관
- 报关 bàoguān 세관 신고를 하다
- 免税店 miǎnshuìdiàn 면세점
- 检疫 jiǎnyì 검역
- 入关 rùguān 세관을 통과하다
- 申报单 shēnbàodān 신고서
- 免税商品 miǎnshuì shāngpǐn 면세품
- 小件行李 xiǎojiàn xíngli 수하물

맛있는 어법

① 我刚下飞机，正在办理入境手续呢。

부사 刚은 '막, 방금'의 뜻으로 어떤 동작이나 상황이 발생한 지 얼마 되지 않았음을 나타냅니다. 동사 앞에서 부사어 역할을 하거나, '刚……就, 又(~하자마자, ~했다)' 형식으로 긴축 복문에 쓰이기도 합니다.

我们也刚到一会儿。 우리도 도착한 지 얼마 안 됐어요.
Wǒmen yě gāng dào yíhuìr.

雨刚停，他就回公司去了。 비가 그치자마자, 그는 회사로 돌아갔어요.
Yǔ gāng tíng, tā jiù huí gōngsī qù le.

② 张总，我早就出来了。

'일찌감치, 벌써'라는 뜻의 부사 早就는 早와 就의 결합 형태로 어떤 동작이나 일을 이미 오래 전에 완료했음을 나타냅니다.

MU8377航班早就起飞了。 MU8377 항공편은 이미 이륙했습니다.
MU bā sān qī qī hángbān zǎojiù qǐfēi le.

饭店我早就预订了。 호텔은 제가 벌써 예약했어요.
Fàndiàn wǒ zǎojiù yùdìng le.

③ 让您亲自来接我，真不敢当！

부사 亲自는 '친히, 직접'이라는 뜻으로 동사 앞에 위치하며, 상대를 중시해 직접 어떠한 행동을 하게 됨을 의미합니다. 보통 윗사람이 한 행동에 많이 쓰입니다.

你应该亲自给小王打电话。 자네가 직접 왕 군에게 전화해야 하네.
Nǐ yīnggāi qīnzì gěi Xiǎo Wáng dǎ diànhuà.

老总亲自去接客人。 사장님께서 친히 손님을 마중 가셨어요.
Lǎozǒng qīnzì qù jiē kèrén.

| Grammar

④ 上海离首尔很近嘛。

조사 嘛는 문장 끝에 위치해 '원래 ~하다, 원래 이러한 이유 때문에 그렇다'라는 뜻을 나타냅니다.

今天雾大嘛，飞机不能起飞了。 오늘 안개가 많이 끼었잖아요, 비행기가 이륙하지 못할 거예요.
Jīntiān wù dà ma, fēijī bù néng qǐfēi le.

我们是同事，应该互相帮助嘛。 우리는 동료이니, 당연히 서로 도와야죠.
Wǒmen shì tóngshì, yīnggāi hùxiāng bāngzhù ma.

🆕 雾大 wù dà 안개가 짙다 | 互相 hùxiāng 🖹 서로

+ **경제 중심의 도시 상하이에 오신 걸 환영합니다!**

비행 시간 1시간 40분이면 창밖으로 중국의 도시 상하이가 눈에 들어오고 곧이어 푸동(浦东 Pǔdōng) 국제 공항에 착륙한다. 푸동 국제 공항 청사는 1청사(대한항공, 중국동방항공)와 2청사(아시아나항공, 중국남방항공, 상하이항공)로 나뉘어 있다. 청사가 나뉘어져 있으므로 공항버스 혹은 택시를 이용할 경우에도 해당 항공사를 꼭 확인해야 한다. 자기 부상 열차(磁浮列车 cífú lièchē)를 이용해 시내로 이동할 수 있다.

Biz 맛있는 대화 연습

| Practice of Conversation

Track 20

1
A 金代理，你下 飞机|车|火车 了吗?

B 我刚下 飞机 。
　　　　　车
　　　　　火车

도전!! 맛있는 문장 훈련
저는 막 지하철에서 내렸어요.

2
A 我早就出来了。我在 会合点这儿 。
　　　　　　　　　　　三号出口
　　　　　　　　　　　机场班车那儿

B 哦！我看到您了。

new
・机场班车 jīchǎng bānchē 공항 리무진

도전!! 맛있는 문장 훈련
저는 벌써 나왔어요. 지금 커피숍 안에 있습니다.

3
A 你是从 韩国 来的金先生吧?
　　　　西班牙
　　　　德国

B 对，我就是。

new
・西班牙 Xībānyá 스페인
・德国 Déguó 독일

도전!! 맛있는 문장 훈련
영국에서 오신 김 선생님 되시죠?

*英国 Yīngguó 영국

1 녹음을 잘 듣고 질문에 알맞은 답을 고르세요. Track 21

❶
  ⓐ 黑色
  ⓑ 蓝色
  ⓒ 灰色

❷
  ⓐ 北京宾馆
  ⓑ 建国宾馆
  ⓒ 京国宾馆

2 다음 대화를 완성하세요.

❶ A 我正在 입국 수속을 밟다 呢。
  B 是吗？我在外边等你。

 ➡ _____

❷ A 你好！我是仙女服装有限公司的张小五。
  B 저는 한국에서 온 김성공입니다.

 ➡ _____

❸ A 오시느라 수고 많으셨지요?
  B 没有，上海离首尔很近。

 ➡ _____

3 빈칸에 들어갈 알맞은 단어를 고르세요.

| 终于 | 怎么 | 应该 | 让 | 被 |

❶ 你出来了吗？我＿＿＿＿＿没看见你呢？

❷ 我＿＿＿＿＿找到你了。

❸ ＿＿＿＿＿您亲自来接我，真不敢当！

❹ 你也太客气了，这是＿＿＿＿＿的。

4 제시된 표현을 사용하여 다음을 중국어로 써 보세요.

❶ 제가 도착한 지 얼마 안 되었을 때, 그는 가버렸어요. (刚)

➡ ＿＿＿＿＿＿＿＿＿＿＿＿＿＿＿＿＿＿＿＿＿

❷ 그 사람들은 벌써 출발했어요. 너무 늦게 오셨는데요. (早就)

➡ ＿＿＿＿＿＿＿＿＿＿＿＿＿＿＿＿＿＿＿＿＿

❸ 장 사장님께서 어찌 직접 오셨어요? (亲自)

➡ ＿＿＿＿＿＿＿＿＿＿＿＿＿＿＿＿＿＿＿＿＿

❹ 그 식당은 여기서 가깝잖아요. 우리 걸어가요. (嘛)

➡ ＿＿＿＿＿＿＿＿＿＿＿＿＿＿＿＿＿＿＿＿＿

04과

您坐酒店班车D线就行。
Nín zuò jiǔdiàn bānchē D xiàn jiù xíng.
호텔 리무진 D번을 타시면 됩니다.

만남/이동

- **상황1** 공항 리무진 타기
- **상황2** 공항에서 택시 타기
- **상황3** 숙소로 이동하기

– ……就行 | 접속사 要是 | 접속사 要不 | 부사 还是

상하이 날씨는 나를 반기듯 쾌청했고,

공항에서 호텔로 가는 길도 시원스럽게 뚫렸다.

시내로 들어서자 낯익은 건물들이 나를 반갑게 맞아주는 것 같았다.

장 사장님은 나를 호텔까지 데려다 주시고는 회사로 들어가셨다.

핵심구문 ❶

去建国宾馆坐几号线班车呢?
지엔구어 호텔에 가려면 몇 번 리무진을 타야 하나요?

핵심구문 ❷

师傅, 麻烦你给我打开后备箱, 好吗?
기사님, 죄송하지만 트렁크 좀 열어 주시겠어요?

핵심구문 ❸

你今天好好儿休息, 业务的事明天再谈吧。
오늘은 편안히 쉬시고, 업무에 대한 건 내일 다시 얘기해요.

Biz 맛있는 단어 Track 23 만남 / 이동

- 线 xiàn 몡 선, 노선
- 班车 bānchē 몡 통근차, 정기 운행 차량
  学校班车 xuéxiào bānchē 학교 셔틀버스 | 公司班车 gōngsī bānchē 회사 셔틀버스
- 酒店 jiǔdiàn 몡 호텔
  饭店 fàndiàn 호텔, 식당
- 银河宾馆 Yínhé Bīnguǎn 고유 인허 호텔, 갤럭시 호텔
  虹桥宾馆 Hóngqiáo Bīnguǎn 홍치아오 호텔
- 打开 dǎkāi 동 열다
- 后备箱 hòubèixiāng 몡 트렁크
- 要是 yàoshi 접 만약 ~라면
  如果 rúguǒ 만약 ~라면 | 假如 jiǎrú 만약 ~라면
- 钟头 zhōngtóu 몡 시간
  小时 xiǎoshí 시간
- 第一次 dì-yī cì 몡 맨 처음, 최초
- 上 shàng 동 오르다, (학교에) 다니다
- 变化 biànhuà 몡 변화 동 변화하다
- 城市 chéngshì 몡 도시
  乡下 xiāngxià 시골
- 变 biàn 동 변하다
- 要不 yàobù 접 그렇지 않으면, 아니면
- 便饭 biànfàn 몡 간단한 식사
  家常便饭 jiācháng biànfàn 집에서 먹는 밥
- 还是 háishi 부 여전히, 역시, 그냥
- 谈 tán 동 말하다, 얘기하다
  谈恋爱 tán liàn'ài 연애하다

4과 您坐酒店班车D线就行。• 45

맛있는 회화

상황1 공항 리무진 타기 Track 24

金成功: 师傅，您好! 去建国宾馆坐几号线班车呢?
Shīfu, nín hǎo! Qù Jiànguó Bīnguǎn zuò jǐ hàoxiàn bānchē ne?

班车司机: 您坐酒店班车D线就行❶。
Nín zuò jiǔdiàn bānchē D xiàn jiù xíng.

金成功: 坐机场三线不到那儿吗?
Zuò jīchǎng sān xiàn bú dào nàr ma?

班车司机: 那个班车是去银河宾馆的，不到建国宾馆。
Nàge bānchē shì qù Yínhé Bīnguǎn de, bú dào Jiànguó Bīnguǎn.

金成功: 哦! 是这样。
Ò! Shì zhèyàng.

상황2 공항에서 택시 타기 Track 25

金成功: 师傅，麻烦你给我打开后备箱，好吗?
Shīfu, máfan nǐ gěi wǒ dǎkāi hòubèixiāng, hǎo ma?

出租车司机: 好的。先生，您要去哪个地方?
Hǎo de. Xiānsheng, nín yào qù nǎge dìfang?

金成功: 我去建国宾馆。师傅，从这儿到那儿要多长时间?
Wǒ qù Jiànguó Bīnguǎn. Shīfu, cóng zhèr dào nàr yào duō cháng shíjiān?

出租车司机: 要是❷不堵车，一个钟头左右。
Yàoshi bù dǔchē, yí ge zhōngtóu zuǒyòu.

| Dialogue

상황3 숙소로 이동하기   Track 26

张小五 金代理，你是第一次来中国的吗？
Jīn dàilǐ, nǐ shì dì-yī cì lái Zhōngguó de ma?

金成功 不是，上大学的时候来过。
Bú shì, shàng dàxué de shíhou láiguo.

张小五 你看，上海这几年变化大不大？
Nǐ kàn, Shànghǎi zhè jǐ nián biànhuà dà bu dà?

金成功 变化很大，城市变得更漂亮了。
Biànhuà hěn dà, chéngshì biàn de gèng piàoliang le.

张小五 是吗？金代理，要不❸咱们到宾馆后一起吃个便饭？
Shì ma? Jīn dàilǐ, yàobù zánmen dào bīnguǎn hòu yìqǐ chī ge biànfàn?

金成功 不了，张总，您事多还是❹你先忙吧。
Bù le, Zhāng zǒng, nín shì duō háishi nǐ xiān máng ba.

张小五 那好，你今天好好儿休息，业务的事明天再谈吧。
Nà hǎo, nǐ jīntiān hǎohāor xiūxi, yèwù de shì míngtiān zài tán ba.

金成功 好的，张总。我明天早点儿过去。
Hǎo de, Zhāng zǒng. Wǒ míngtiān zǎo diǎnr guòqu.

Tip ✚ 운행 관련 단어

- 首班车 shǒubānchē 첫차
- 发车时间 fāchē shíjiān 발차 시간
- 最高速度 zuìgāo sùdù 최고 속도
- 目的地 mùdìdì 목적지
- 班次 bāncì (정기 운행하는 교통 기관의) 운행 횟수
- 末班车 mòbānchē 막차
- 发车间隔 fāchē jiàngé 발차 간격
- 长途客运 chángtú kèyùn 장거리 여객

4과 您坐酒店班车D线就行。 • 47

맛있는 어법

① 您坐酒店班车D线就行。

'……就行'은 비즈니스 회화에 자주 등장하는 표현으로 '그렇게 하면 된다'라는 뜻을 나타냅니다. '……就好, ……就可以' 등으로 바꿔 쓸 수 있습니다.

这件事交给我去办就行。 이 일은 제가 가서 처리하면 됩니다.
Zhè jiàn shì jiāogěi wǒ qù bàn jiù xíng.

你跟他说几句就行。 당신이 그 친구한테 몇 마디 하면 돼요.
Nǐ gēn tā shuō jǐ jù jiù xíng.

🆕 句 jù 양 마디, 구

② 要是不堵车，一个钟头左右。

要是는 '만약 ~라면'이라는 뜻으로 가정을 나타내며, '要是……的话'의 형식으로도 쓸 수 있습니다. 비슷한 표현으로는 如果, 假如가 있습니다.

要是公司有事，你就去忙吧。 만약 회사에 일이 있으면, 얼른 가서 하세요.
Yàoshi gōngsī yǒu shì, nǐ jiù qù máng ba.

要是他同意的话，你们一起去中国出差吧。
Yàoshi tā tóngyì dehuà, nǐmen yìqǐ qù Zhōngguó chūchāi ba.
만약에 그가 동의한다면 당신들은 같이 중국으로 출장 가세요.

🆕 同意 tóngyì 동 동의하다

③ 金代理，要不咱们到宾馆后一起吃个便饭？

접속사 要不는 '그렇게 하지 않으면, ~한 결과가 나올 것이다'라는 뜻을 나타냅니다. 때로는 말의 화제를 전환하는 역할을 하기도 합니다.

快走，要不你赶不上飞机了。 빨리 가세요, 아니면 당신은 비행기를 놓쳐요.
Kuài zǒu, yàobù nǐ gǎn bu shàng fēijī le.

| Grammar

要不我们喝杯酒，怎么样？ 아니면 우리 술 한 잔 하는 게 어때요?
Yàobù wǒmen hē bēi jiǔ, zěnmeyàng?

🆕 赶不上 gǎn bu shàng (정해진 시간에) 대지 못하다, 늦다

4 张总，您事多还是你先忙吧。

부사 还是는 '그냥'이라는 뜻으로, 여러 가지 선택 사항을 놓고 고려한 후에 '이렇게 하는 것이 좋겠다'라고 결정을 내릴 때 씁니다.

你还是先跟老板商量吧。 당신은 그냥 먼저 사장님과 상의하세요.
Nǐ háishi xiān gēn lǎobǎn shāngliang ba.

我们还是坐船去吧。 우리 그냥 배 타고 가요.
Wǒmen háishi zuò chuán qù ba.

🆕 船 chuán 명 배

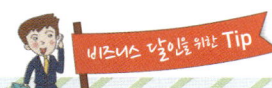

+ **공항에서 시내로!!**
공항에서 시내로 이동할 때 자신에게 가장 잘 맞는 대중교통을 이용해 보자.

☐ **리무진 버스** : 리무진 버스는 가격이 저렴하여 많은 사람들이 이용하며 호선도 여러 가지가 있다. 단, 노선에 따라 종착역까지 1시간~1시간 30분 정도 걸린다.

☐ **지하철** : 지하철은 24시간 동안 무제한 이용할 수 있는 1일 패스권을 구매하면 편리하게 이동할 수 있다. 1일 패스권은 일반 매표소가 아닌, 서비스 센터(服务中心)에서 판매하고 있으니 유념하자!

☐ **택시** : 상하이 택시는 크게 하늘색인 大众(Dàzhòng), 파란색인 海博(Hǎibó), 녹색인 巴士(Bāshì), 흰색인 锦江(Jǐnjiāng), 황토색인 强生(Qiángshēng) 등이 있다. 택시를 이용할 때는 반드시 영수증을 받아야 한다. 영수증에 차량번호, 서비스 센터 번호가 적혀 있어 물건을 놓고 내렸을 때 영수증에 적혀 있는 번호로 전화하면 찾을 수 있다.

☐ **자기 부상 열차** : 자기 부상 열차는 최고 시속 431km로 푸동 국제 공항에서 종착역인 지하철 2호선 롱양루(龙阳路 Lóngyáng Lù)까지 7~8분이면 도착한다. 편도는 50元이고 왕복은 80元이며, 당일 비행기 티켓을 보여 주면 편도를 40元에 구입할 수 있다.

맛있는 대화 연습

| Practice of Conversation

Track 27

1
A 那个班车是去 银河宾馆 的, 不到建国宾馆。
　　　　　　 淮海路
　　　　　　 虹桥机场

- 淮海路 Huáihǎi Lù 화이하이루
- 虹桥机场 Hóngqiáo Jīchǎng 홍치아오 공항

B 哦! 是这样。

 그 리무진은 인민광장으로 가는 거라 지엔구어 호텔에는 가지 않습니다.

*人民广场 Rénmín Guǎngchǎng 인민광장

2
A 师傅, 从这儿到那儿要多长时间?

B 一个钟头 左右。
　 四十分钟
　 一个半小时

 10분 정도요.

3
A 你今天好好儿休息, 业务的事 明天再谈吧。
　　　　　　　　　 订单的事
　　　　　　　　　 赔偿的事

- 订单 dìngdān 주문
- 赔偿 péicháng 배상

B 好的。

 오늘은 푹 쉬고 계약서에 관한 일은 내일 다시 얘기해요.

*合同 hétong 계약서

연습 문제

1 녹음을 잘 듣고 질문에 알맞은 답을 고르세요. Track 28

❶
- ⓐ 来过
- ⓑ 没来过
- ⓒ 来过很多次

❷
- ⓐ B线
- ⓑ C线
- ⓒ D线

2 다음 대화를 완성하세요.

❶ A 先生，어디로 모실까요?
B 我去建国宾馆。

➡ _____

❷ A 你看，上海这几年变化大不大?
B 变化很大，도시가 훨씬 예쁘게 변했어요.

➡ _____

❸ A 张总，您事多还是你先忙吧。
B 那好，你今天 푹 쉬세요.

➡ _____

3 빈칸에 들어갈 알맞은 단어를 고르세요.

| 一起　　　不　　　还是　　　打开　　　点儿 |

❶ 坐机场三线_____到那儿吗?

❷ 师傅，麻烦你给我_____后备箱，好吗?

❸ 咱们到宾馆后_____吃个便饭，怎么样?

❹ 我明天早_____过去。

4 제시된 표현을 사용하여 다음을 중국어로 써 보세요.

❶ 당신이 김 대리한테 몇 마디 하면 돼요. (……就行)

⇒ _____

❷ 만약 귀사에서 동의한다면, 저희는 바로 계약을 체결할 수 있어요. (要是……的话)

⇒ _____

❸ 빨리 가요, 안 그러면 기차를 놓쳐요. (要不)

⇒ _____

❹ 우리 이번에는 그냥 비행기 타고 가죠. (还是)

⇒ _____

05과

我在网上预订了一个标准间。
Wǒ zài wǎngshàng yùdìng le yí ge biāozhǔnjiān.
저는 인터넷으로 일반룸을 예약했어요.

호텔

상황 1 호텔 예약 확인하기
상황 2 조식 포함 확인하기
상황 3 체크인 하기

— 동사 帮 | 동사 含 | 부사 最好 | 동사 打算

체크인을 마치고 객실로 올라왔다.

커튼을 걷으니 徐家汇가 한눈에 들어온다.

이제부터 이곳이 나의 전장인가?

갑자기 적벽대전에 투입된 장수가 된 기분이다.

그래 좋다 이거야! 서울 땅은 너무 좁으니 대륙을 한번 누벼 보자고!

Track 29

핵심구문 ❶

你再看看，我是前天预订的。
다시 한번 보세요, 제가 그저께 예약했어요.

핵심구문 ❷

你们的早餐时间是几点啊?
여기 조식 시간은 몇 시인가요?

핵심구문 ❸

我在网上预订了一个标准间。
저는 인터넷으로 일반룸을 예약했어요.

54 • 맛있는 비즈니스 중국어 Level ❸

 맛있는 단어

预订	yùdìng	통 예약하다
名单	míngdān	명 명단
帮	bāng	통 돕다

帮助 bāngzhù, 帮忙 bāngmáng 돕다

| 英文名 | Yīngwénmíng | 명 영문 이름 |

中文名 Zhōngwénmíng 중문 이름 | 全名 quánmíng 전체 성명

| 含 | hán | 통 포함하다, 내포하다 |
| 早餐 | zǎocān | 명 아침 식사 |

晚餐 wǎncān 저녁 식사

最好	zuìhǎo	부 ~하는 게 가장 좋다
用餐	yòngcān	통 식사하다
在……上	zài……shàng	~에서
网	wǎng	명 인터넷, 조직, 망
标准间	biāozhǔnjiān	명 일반룸
打算	dǎsuan	통 ~하려고 하다, ~할 계획이다
离开	líkāi	통 떠나다
押金	yājīn	명 보증금, 담보금
房卡	fángkǎ	명 룸 카드, 객실 열쇠

5과 我在网上预订了一个标准间。

Biz 맛있는 회화

상황1 호텔 예약 확인하기　Track 31

服务员　对不起，先生，预订名单里没有您的名字。
　　　　Duìbuqǐ, xiānsheng, yùdìng míngdān li méiyǒu nín de míngzi.

金成功　小姐，你再看看，我是前天预订的。
　　　　Xiǎojiě, nǐ zài kànkan, wǒ shì qiántiān yùdìng de.

服务员　先生，您的房间是不是别人帮❶您预订的?
　　　　Xiānsheng, nín de fángjiān shì bu shì biérén bāng nín yùdìng de?

金成功　是我同事帮我预订的。她的英文名是GAO XIAO MEI。
　　　　Shì wǒ tóngshì bāng wǒ yùdìng de. Tā de Yīngwénmíng shì GAO XIAO MEI.

상황2 조식 포함 확인하기　Track 32

金成功　小姐，我预订的房间是含❷早餐的吗?
　　　　Xiǎojiě, wǒ yùdìng de fángjiān shì hán zǎocān de ma?

服务员　是含早餐的。
　　　　Shì hán zǎocān de.

金成功　你们的早餐时间是几点啊?
　　　　Nǐmen de zǎocān shíjiān shì jǐ diǎn a?

服务员　早上七点到十点。您最好❸九点半之前去餐厅用餐。
　　　　Zǎoshang qī diǎn dào shí diǎn. Nín zuìhǎo jiǔ diǎn bàn zhīqián qù cāntīng yòngcān.

金成功　好的，知道了。
　　　　Hǎo de, zhīdào le.

| Dialogue

상황3 체크인 하기 Track 33

金成功 你好，我在网上预订了一个标准间。
Nǐ hǎo, wǒ zài wǎngshàng yùdìng le yí ge biāozhǔnjiān.

服务员 您好，请把您的护照给我看看。
Nín hǎo, qǐng bǎ nín de hùzhào gěi wǒ kànkan.

金成功 给你。
Gěi nǐ.

服务员 先生，您预订了一个标准间。请问，您打算❹住几天?
Xiānsheng, nín yùdìng le yí ge biāozhǔnjiān. Qǐngwèn, nín dǎsuan zhù jǐ tiān?

金成功 我23号离开，住四天。
Wǒ èrshísān hào líkāi, zhù sì tiān.

服务员 先生，您得交押金。
Xiānsheng, nín děi jiāo yājīn.

金成功 小姐，我可以用信用卡吧?
Xiǎojiě, wǒ kěyǐ yòng xìnyòngkǎ ba?

服务员 可以。先生，这是您的房卡，您的房间是1016，
Kěyǐ. Xiānsheng, zhè shì nín de fángkǎ, nín de fángjiān shì yāo líng yāo liù,

电梯在右边。
diàntī zài yòubian.

Tip

+ 호텔 관련 단어

- 房价 fángjià 숙박 요금
- 双人间 shuāngrénjiān 2인실
- 豪华间 háohuájiān 스위트룸
- 叫醒服务 jiàoxǐng fúwù 모닝콜 서비스
- 洗衣服务 xǐyī fúwù 세탁 서비스
- 送餐服务 sòngcān fúwù 식사 배달 서비스

- 单人间 dānrénjiān 1인실
- 客房服务 kèfáng fúwù 룸서비스
- 入住手续 rùzhù shǒuxù 체크인 수속
- 退房手续 tuìfáng shǒuxù 체크아웃 수속

맛있는 어법

① 先生，您的房间是不是别人帮您预订的?

帮은 '돕다'라는 뜻의 동사로, 다른 사람이 해야 할 일을 대신해서 도와줄 때 씁니다. '주어+帮+목적어+구체적인 동작'의 형식으로 씁니다.

你帮我看看这是什么字? 이게 무슨 글자인지 좀 봐 주실래요?
Nǐ bāng wǒ kànkan zhè shì shénme zì?

麻烦你帮我拿一下行李，好吗? 죄송한데요, 이 짐 좀 들어 주실래요?
Máfan nǐ bāng wǒ ná yíxià xíngli, hǎo ma?

② 小姐，我预订的房间是含早餐的吗?

含은 동사로 사물의 내면에 어떤 것을 품고 있거나 사람의 말이나 태도에 어떤 의미나 정서를 담고 있음을 표현합니다. 含着, 含有의 형식으로 많이 쓰입니다.

我要订含早餐的房间。 저는 조식이 포함된 방으로 예약하려고 합니다.
Wǒ yào dìng hán zǎocān de fángjiān.

你买的哪样商品里不含税? 당신이 산 물건 중에 세금이 포함되지 않은 것이 있던가요?
Nǐ mǎi de nǎyàng shāngpǐn li bù hánshuì?

new 税 shuì 명 세금

③ 您最好九点半之前去餐厅用餐。

最好가 부사로 쓰일 때는 '~하는 게 가장 좋다'라는 뜻으로, 어떤 일을 처리함에 있어 화자가 생각하고 있는 '최선의 방법이나 바람'을 상대방에게 제시합니다.

你最好今天去见张总。 당신은 오늘 장 사장님을 뵈러 가는 게 가장 좋겠어요.
Nǐ zuìhǎo jīntiān qù jiàn Zhāng zǒng.

我们最好订北京附近的宾馆。 우리는 베이징 근처에 있는 호텔을 예약하는 것이 가장 좋겠어요.
Wǒmen zuìhǎo dìng Běijīng fùjìn de bīnguǎn.

| Grammar

④ 请问，您打算住几天？

동사 打算은 '~할 생각이다, ~하려고 하다'라는 뜻으로 어떠한 동작을 하려고 계획하거나 고려할 때 씁니다. 打算 뒤에는 주로 동사성 목적어가 옵니다.

您打算什么时候退房？ 손님은 언제 체크아웃 하실 생각이신가요?
Nín dǎsuan shénme shíhou tuìfáng?

我们打算住五星级宾馆。 우리는 5성급 호텔에 머물 생각이에요.
Wǒmen dǎsuan zhù wǔ xīngjí bīnguǎn.

new 五星级 wǔ xīngjí 5성급

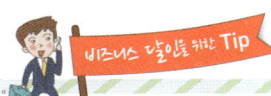

✚ 사이트만 클릭하면 호텔이 한눈에!

출장이나 여행을 갈 때 신경 써서 알아봐야 할 것 중에 하나가 바로 호텔이다. 예산과 주변 교통 등을 고려해 자신의 입맛에 꼭 맞는 호텔을 찾기란 그리 쉽지 않다. 떠나기 전에 다양한 여행 사이트를 비교해 본 후 결정하는 것이 좋다. 해당 호텔에 직접 전화를 걸어 예약을 할 수도 있지만 여행 사이트나 업체를 통해 예약하는 것이 더 저렴하다. 중국 시에청(携程 Xiéchéng) 여행 사이트(www.ctrip.com)나 취날(去哪儿) 여행 사이트(www.qunar.com)에 들어가면 다양한 호텔을 비교하여 고를 수 있다. 한국에서도 예약 가능하니 언제든 편하게 예약하면 된다. 호텔뿐만 아니라 비행기 표, 기차 표 등도 예약할 수 있다.

Biz 맛있는 대화 연습

| Practice of Conversation

Track 34

1
A 您最好 <u>九点半之前</u> 去餐厅用餐。
　　　在八点到十点之间
　　　晚上十点之前

B 好的，知道了。

도전!! 맛있는 문장 훈련
11시 전에는 식당으로 식사하러 가시는 게 좋습니다.

2
A 我在网上预订了一个 <u>标准间</u>。
　　　　　　　　　大床房
　　　　　　　　　景观房

new
· 大床房 dàchuángfáng 더블룸
· 景观房 jǐngguānfáng 외향 객실(전망 좋은 객실)

B 请把您的护照给我看看。

도전!! 맛있는 문장 훈련
저는 인터넷으로 스위트룸 하나를 예약했어요.

＊豪华间 háohuájiān 스위트룸

3
A 请问，您打算住几天?

B 我打算住 <u>四天</u>。
　　　　　一天
　　　　　一个星期

도전!! 맛있는 문장 훈련
저는 3일 묵으려고요.

연습 문제

1 녹음을 잘 듣고 질문에 알맞은 답을 고르세요. Track 35

❶
ⓐ 七点到八点
ⓑ 六点到十点
ⓒ 七点到十点

❷
ⓐ 1015
ⓑ 1016
ⓒ 1019

2 다음 대화를 완성하세요.

❶ A 先生，예약 명단에 손님 성함이 없는데요.
　 B 小姐，你再看看。

　➡ _____

❷ A 저는 인터넷으로 일반룸을 예약했는데요.
　 B 您好，请把您的身份证给我看看。

　➡ _____

❸ A 小姐，제가 신용카드를 사용해도 되죠?
　 B 当然可以。

　➡ _____

3 빈칸에 들어갈 알맞은 단어를 고르세요.

| 住 | 得 | 的 | 用 | 了 |

❶ 我是前天预订_____。

❷ 您九点半之前去餐厅_____餐。

❸ 我23号离开，_____四天。

❹ 先生，您_____交押金。

4 제시된 표현을 사용하여 다음을 중국어로 써 보세요.

❶ 죄송하지만 제 여행 가방 좀 들어 주시겠어요? (帮)

→ _____

❷ 우리 그냥 조식이 포함된 객실로 예약하죠. (含)

→ _____

❸ 당신은 내일 샘플을 발송하는 게 가장 좋겠어요. (最好) *样品 yàngpǐn 샘플

→ _____

❹ 언제 출발하실 예정이세요? (打算)

→ _____

06과

房间里可以上网吗?
Fángjiān li kěyǐ shàngwǎng ma?
객실에서 인터넷을 할 수 있나요?

호텔

- 상황1 인터넷 가능 여부 확인하기
- 상황2 비즈니스 센터 이용하기
- 상황3 호텔 근처 관광지 묻기

— 부사 随时 | 동사 等 | 부사 大概 | 형용사 多

가끔 그런 생각을 해 본다.

인터넷이 없었다면 세상은 지금 어떤 모습을 하고 있을까?

인터넷이 있으니 지구촌 곳곳 어디에 있어도

보고 싶은 이들과 연락도 하고, 회사에 업무 보고도 할 수 있고……

여기는 상하이, 여기는 상하이, 본부 나와라 오버!!

Track 36

핵심구문 ❶
小姐，房间里可以上网吗？
아가씨, 객실에서 인터넷을 할 수 있나요?

핵심구문 ❷
等您退房时一起算吧。
체크아웃 할 때 같이 계산하세요.

핵심구문 ❸
这儿附近还有可以去看的地方吗?
이 근처에 또 가 볼 만한 곳이 있나요?

호텔

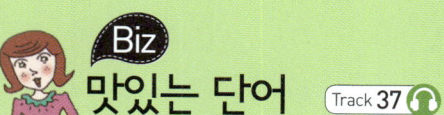 Track 37

上网	shàngwǎng	통 이합 로그인하다, 인터넷을 하다
有线	yǒuxiàn	명 유선
无线	wúxiàn	명 무선
收费	shōufèi	통 이합 돈을 받다
免费	miǎnfèi	통 이합 돈을 받지 않다, 무료로 하다
随时	suíshí	부 수시로, 언제나, 아무 때나
使用	shǐyòng	통 사용하다
等	děng	통 ~하기를 기다리다
退房	tuìfáng	통 이합 체크아웃(check out) 하다

入住 rùzhù 체크인 하다 | 入住时间 rùzhù shíjiān 체크인 시간

算	suàn	통 계산하다
大概	dàgài	부 아마, 대개, 대략
港汇广场	Gǎnghuì Guǎngchǎng	고유 강후이 센터, 그랜드 게이트웨이(grand gateway) 백화점
衡山路酒吧街	Héngshān Lù Jiǔbā Jiē	고유 헝산루 카페 거리
徐家汇公园	Xújiāhuì Gōngyuán	고유 쉬지아후에이 공원
上海体育场	Shànghǎi Tǐyùchǎng	고유 상하이 스타디움

맛있는 회화

상황1 인터넷 가능 여부 확인하기 Track 38

金成功　小姐，房间里可以上网吗?
　　　　Xiǎojiě, fángjiān li kěyǐ shàngwǎng ma?

服务员　有线、无线都可以。
　　　　Yǒuxiàn, wúxiàn dōu kěyǐ.

金成功　上网收费吗?
　　　　Shàngwǎng shōufèi ma?

服务员　这是免费的，您随时❶都可以使用。
　　　　Zhè shì miǎnfèi de, nín suíshí dōu kěyǐ shǐyòng.

상황2 비즈니스 센터 이용하기 Track 39

金成功　小姐，这儿可以发传真吗?
　　　　Xiǎojiě, zhèr kěyǐ fā chuánzhēn ma?

服务员　可以，您要往哪里发呢?
　　　　Kěyǐ, nín yào wǎng nǎli fā ne?

金成功　往韩国发。小姐，现在要付款吗?
　　　　Wǎng Hánguó fā. Xiǎojiě, xiànzài yào fùkuǎn ma?

服务员　不用，等❷您退房时一起算吧。您是几号房间?
　　　　Búyòng, děng nín tuìfáng shí yìqǐ suàn ba. Nín shì jǐ hào fángjiān?

金成功　1016房间。
　　　　Yāo líng yāo liù fángjiān.

| Dialogue

상황3 호텔 근처 관광지 묻기 Track 40

金成功 小姐，这儿附近有地铁站吗?
Xiǎojiě, zhèr fùjìn yǒu dìtiězhàn ma?

服务员 有，徐家汇地铁站离这儿很近。
Yǒu, Xújiāhuì dìtiězhàn lí zhèr hěn jìn.

金成功 走过去大概❸要多长时间?
Zǒu guòqu dàgài yào duō cháng shíjiān?

服务员 十分钟就可以。
Shí fēnzhōng jiù kěyǐ.

金成功 小姐，这儿附近还有可以去看的地方吗?
Xiǎojiě, zhèr fùjìn hái yǒu kěyǐ qù kàn de dìfang ma?

服务员 有。港汇广场、衡山路酒吧街、徐家汇公园、
Yǒu. Gǎnghuì Guǎngchǎng、Héngshān Lù Jiǔbā Jiē、Xújiāhuì Gōngyuán、

上海体育场都在这儿附近。
Shànghǎi Tǐyùchǎng dōu zài zhèr fùjìn.

金成功 哇! 这么多!
Wā! Zhème duō!

服务员 先生，您就多❹住几天好了。
Xiānsheng, nín jiù duō zhù jǐ tiān hǎo le.

Tip

➕ 호텔 시설 관련 단어

- 服务台 fúwùtái 프런트 데스크
- 宴会厅 yànhuìtīng 연회장
- 健身房 jiànshēnfáng 헬스클럽
- 接待中心 jiēdài zhōngxīn (회의나 전시를) 위한 리셉션 홀
- 行政楼层 xíngzhèng lóucéng 이그제큐티브 플로어(Executive floor), 귀빈층
- 会议室 huìyìshì 회의실
- 包间 bāojiān 전용 객실
- 迷你吧 mínǐbā 미니바(mini bar)

맛있는 어법

① 这是免费的，您随时都可以使用。

随时는 부사로 '어느 때가 되었든 간에 필요할 때는 언제든지'라는 뜻을 나타냅니다. 随时 뒤에 都를 동반하는 경우가 많습니다.

在携程旅行网上随时都可以预订酒店。
Zài Xiéchéng Lǚxíng Wǎng shang suíshí dōu kěyǐ yùdìng jiǔdiàn.
시에청 여행 사이트에서는 아무 때나 호텔을 예약할 수 있습니다.

您有什么疑问，随时都可以问我。 궁금하신 게 있으면, 언제든지 저한테 물어보세요.
Nín yǒu shénme yíwèn, suíshí dōu kěyǐ wèn wǒ.

🆕 携程旅行网 Xiéchéng Lǚxíng Wǎng 시에청 여행 사이트(＊호텔 예약 및 항공권 예매 전문 사이트)
| 疑问 yíwèn 명 의문, 의혹

② 等您退房时一起算吧。

等은 동사로 문장 앞에 위치해 '어떤 시기가 될 때까지 기다렸다가'라는 뜻을 나타냅니다. 뒤 절에는 기다린 후에 해야 할 구체적인 동작이 제시됩니다.

等你出差回来，我给你发奖金。 자네가 출장에서 돌아오면 보너스를 지급하겠네.
Děng nǐ chūchāi huílai, wǒ gěi nǐ fā jiǎngjīn.

等小金来了，再说吧。 김 군이 오면 다시 얘기해요.
Děng Xiǎo Jīn lái le, zàishuō ba.

③ 走过去大概要多长时间？

大概는 부사로 '아마, 대개, 대략'의 뜻을 나타냅니다. 범위나 정도가 확실하지 않거나 혹은 자세히 알지 못할 때, 어떤 일에 대한 화자의 추측이나 가능성을 표현할 때 씁니다.

我大概明年三月去欧洲旅游。 저는 대략 내년 3월 쯤에 유럽으로 여행 가요.
Wǒ dàgài míngnián sān yuè qù Ōuzhōu lǚyóu.

老总也大概知道你快到了。 사장님께서도 아마 당신이 곧 도착하리라는 걸 알고 계실 거예요.
Lǎozǒng yě dàgài zhīdào nǐ kuài dào le.

| Grammar

4 先生，您就多住几天好了。

수량이 많음을 뜻하는 多는 일반적으로 '多+동사+관형어+목적어' 형식으로 쓰여 '더 많이 ~하다'라는 뜻을 나타냅니다.

听说，那里非常冷，你就多带几件衣服吧。
Tīngshuō, nàlǐ fēicháng lěng, nǐ jiù duō dài jǐ jiàn yīfu ba.
듣자 하니 그곳은 몹시 춥다던데, 옷을 몇 벌 더 챙겨 가세요.

时间还早呢，你再多呆一会儿吧。 시간도 얼마 안 되었는데, 좀 더 계세요.
Shíjiān hái zǎo ne, nǐ zài duō dāi yíhuìr ba.

🆕 呆 dāi 통 머무르다

✚ 상하이에서 이곳만은 꼭 가 보자!

□ **쉬지아후에이(徐家汇 Xújiāhuì)**
쉬지아후에이는 상하이 남서부의 중심지로 백화점과 쇼핑센터가 밀집되어 있다. 상업 시설뿐 아니라 쉬지아후에이 성당, 쉬지아후에이 도서관, 상하이 천문대, 상하이 사회 과학원 등 중요한 문화 시설도 자리하고 있다.

□ **위위엔 상창(豫园商场 Yùyuán Shāngchǎng)**
다양한 기념품들이 모여 있는 위위엔 상창은 상하이에서 가장 오래된 상설 시장이다. 이곳은 귀금속류, 디지털 제품, 골동품 등 없는 게 없을 정도로 많은 물건들이 즐비하게 늘어져 있어 구경하는 재미가 쏠쏠하다. 해가 지는 오후에는 건물에 조명이 켜져 낮에 볼 수 없는 또 다른 풍경을 감상할 수 있다.

□ **동팡밍주(东方明珠 Dōngfāng Míngzhū)**
세계에서 세 번째로 높은 방송용 탑으로 전체 높이가 468m이다. 267m 지점에는 와이탄(外滩 Wàitān)과 조계지의 풍경을 볼 수 있는 360° 회전식 레스토랑도 있다. 이곳에서 환상적인 풍경을 감상하며 좋은 추억을 만들어 보자.

Biz 맛있는 대화 연습

| Practice of Conversation

Track 41

1
A 小姐, 房间 里可以上网吗?
　　　　咖啡厅
　　　　商务中心

B 有线、无线都可以。

new
· 商务中心 shāngwù zhōngxīn
　비즈니스 센터

도전!! 맛있는 문장 훈련
아가씨, 로비에서 인터넷을 할 수 있나요?

2
A 小姐, 这儿可以 发传真 吗?
　　　　　　　　发邮件
　　　　　　　　换钱

B 可以。

new
· 换钱 huànqián
　환전하다

도전!! 맛있는 문장 훈련
아가씨, 여기에서 전화할 수 있나요?

3
A 小姐, 这儿附近有 地铁站 吗?
　　　　　　　　　家乐福
　　　　　　　　　宜家家居

B 有。离这儿很近。

new
· 家乐福 Jiālèfú 까르푸
· 宜家家居 Yíjiā Jiājū
　이케아(IKEA) 가구점

도전!! 맛있는 문장 훈련
아가씨, 이 근처에 신화 서점이 있나요?

＊新华书店 Xīnhuá Shūdiàn 신화 서점

연습 문제

1 녹음을 잘 듣고 질문에 알맞은 답을 고르세요. Track 42

❶
     a 很远
     b 很近
     c 不近

❷
     a 发信
     b 发传真
     c 发邮件

2 다음 대화를 완성하세요.

❶ A 你们这里上网收费吗?
    B 이건 무료입니다.

➡ _____

❷ A 小姐, 지금 계산을 해야 하나요?
    B 不用, 等您退房时一起算吧。

➡ _____

❸ A 这儿附近 가 볼 만한 곳이 또 있나요?
    B 有, 很多。

➡ _____

| Exercise

3 빈칸에 들어갈 알맞은 단어를 고르세요.

> 在　　　有　　　时　　　要　　　小时

❶ 您退房_____一起算吧。您是几号房间?

❷ 小姐，这儿附近_____公园吗?

❸ 走过去大概_____多长时间?

❹ 衡山路酒吧街、徐家汇公园、上海体育场都_____这儿附近。

4 제시된 표현을 사용하여 다음을 중국어로 써 보세요.

❶ 의문 나는 것이 있으면, 아무 때나 저 친구한테 물으면 돼요. (随时)

　➡ _____

❷ 김 군이 도착하면, 다시 얘기해요. (等)

　➡ _____

❸ 나는 아마도 내년 6월쯤에 중국으로 일하러 갈 거예요. (大概)

　➡ _____

❹ 우리는 한 번 만나기가 힘드니, 얘기 좀 오래 하자고요. (多)

　➡ _____

07 과

我要退房，这是我的房卡。
Wǒ yào tuìfáng, zhè shì wǒ de fángkǎ.
체크아웃 하려고요, 여기 제 룸 카드입니다.

 호텔

상황1 영수증 발급을 요구할 때
상황2 호텔에 짐을 맡길 때
상황3 체크아웃 하기

— 동사 开 | 到时候 | 부사 好像 | 방향보어 下来

바로 어제 체크인 했던 것 같은데, 벌써 체크아웃을 하다니, 오~ 시간의 빠름이여~ 출발 시간까지 여유가 있어 짐을 일단 호텔에 맡겨 두고 잠시 이 근처를 돌아볼까 한다. 출장을 온 것이다 보니, 돌아가는 날이 되어서야 주위를 살필 시간이 나는구나.

Track 43

핵심구문 ❶

小姐, 你给我开发票, 好吗?
아가씨, 영수증 좀 발급해 주시겠어요?

핵심구문 ❷

我可以把这些行李寄存在这儿吗?
제가 이 짐들을 여기에 좀 맡겨도 될까요?

핵심구문 ❸

我要退房, 这是我的房卡。
체크아웃 하려고요, 여기 제 룸 카드입니다.

[호텔]

Biz 맛있는 단어 Track 44

- 开 kāi 동 발급하다, 써 주다
- 发票 fāpiào 명 영수증
  开发票 kāi fāpiào 영수증을 발급하다
- 签名 qiānmíng 동 이합 사인하다
  签字 qiānzì 서명하다, 사인하다
- 账单 zhàngdān 명 명세서
- 寄存 jìcún 동 (물건을) 맡겨 두다, 보관하다
- 取 qǔ 동 (물건을) 찾다
  取款 qǔkuǎn 돈을 찾다
- 到时候 dào shíhou 그때 가서
  到时候再说 dào shíhou zàishuō 그때 가서 다시 얘기해요
  到时候别后悔 dào shíhou bié hòuhuǐ 그때 가서 후회하지 마세요
- 结账 jiézhàng 동 이합 결산하다, 결제하다
  买单 mǎidān 결제하다
- 押金单 yājīndān 명 보증금 영수증
- 抽屉 chōuti 명 서랍
- 房务员 fángwùyuán 명 호텔 객실 담당자
- 下来 xiàlai 내려오다
  上去 shàngqu 올라가다

7과 我要退房，这是我的房卡。• 75

맛있는 회화

상황1 영수증 발급을 요구할 때　Track 45

金成功　小姐，你给我开❶发票，好吗?
　　　　Xiǎojiě, nǐ gěi wǒ kāi fāpiào, hǎo ma?

服务员　好的。请在这儿签名。
　　　　Hǎo de. Qǐng zài zhèr qiānmíng.

金成功　好。
　　　　Hǎo.

服务员　先生，这是您的账单和发票。请拿好!
　　　　Xiānsheng, zhè shì nín de zhàngdān hé fāpiào. Qǐng náhǎo!

상황2 호텔에 짐을 맡길 때　Track 46

金成功　小姐，我可以把这些行李寄存在这儿吗?
　　　　Xiǎojiě, wǒ kěyǐ bǎ zhèxiē xíngli jìcún zài zhèr ma?

服务员　可以。先生，您打算什么时候来取?
　　　　kěyǐ. Xiānsheng, nín dǎsuan shénme shíhou lái qǔ?

金成功　下午五点吧。我坐晚上的飞机。
　　　　Xiàwǔ wǔ diǎn ba. Wǒ zuò wǎnshang de fēijī.

服务员　好的。先生，您到时候❷来取就行。
　　　　Hǎo de. Xiānsheng, nín dào shíhou lái qǔ jiù xíng.

金成功　谢谢你啊!
　　　　Xièxie nǐ a!

상황3 체크아웃 하기 Track 47

服务员 先生，您好！您要结账吗?
Xiānsheng, nín hǎo! Nín yào jiézhàng ma?

金成功 是，我要退房，这是我的房卡。
Shì, wǒ yào tuìfáng, zhè shì wǒ de fángkǎ.

服务员 先生，您的押金单呢?
Xiānsheng, nín de yājīndān ne?

金成功 押金单啊? 好像❸忘在房间的抽屉里了。
Yājīndān a? Hǎoxiàng wàngzài fángjiān de chōuti li le.

服务员 是吗? 我叫房务员把它拿下来❹吧。
Shì ma? Wǒ jiào fángwùyuán bǎ tā ná xiàlai ba.

金成功 小姐，麻烦你了。
Xiǎojiě, máfan nǐ le.

服务员 没事儿。先生，您要刷卡还是付现金?
Méishìr. Xiānsheng, nín yào shuā kǎ háishi fù xiànjīn?

金成功 我要刷卡。
Wǒ yào shuā kǎ.

Tip
+ 영수증 관련 단어

❶ 终端机号 zhōngduānjī hào 단말기 ID
❷ 特约商户编号 tèyuē shānghù biānhào 특약 상점 일련번호
❸ 交易类别 jiāoyì lèibié 거래 종류
❹ 批次号码 pīcì hàomǎ 차수 번호
❺ 日期 rìqī 날짜, 时间 shíjiān 시간 ❻ 序号 xùhào 시리얼 넘버
❼ 有效期 yǒuxiàoqī 유효 기간   ❽ 查询号 cháxúnhào 조회 번호
❾ 授权号 shòuquán hào 인증 번호
❿ 持卡人签字 chí kǎ rén qiānzì 서명란

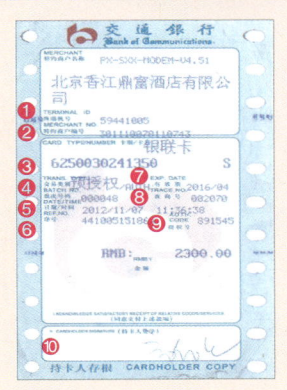

맛있는 어법

① 小姐，你给我开发票，好吗？

동사 开는 '각종 서류나 증명서 등을 발급하다'라는 뜻으로 쓰이기도 합니다. 동반되는 단어로는 单子(dānzi 명세서), 介绍信(jièshàoxìn 소개서), 推荐信(tuījiànxìn 추천서) 등이 있습니다.

你要的工作经历证明我们已经开好了。
Nǐ yào de gōngzuò jīnglì zhèngmíng wǒmen yǐjing kāihǎo le.
당신이 필요하다는 경력 증명서는 우리가 이미 발급해 놓았어요.

发票开了没有？ 영수증을 끊었나요?
Fāpiào kāi le méiyǒu?

🆕 工作经历证明 gōngzuò jīnglì zhèngmíng 경력 증명서

② 先生，您到时候来取就行。

회화에 자주 쓰이는 표현인 到时候는 '그때 가서'라는 뜻으로 '불특정한 어떠한 때'를 나타냅니다. 대화하는 두 사람이 이미 알고 있는 상황으로 제시되는 경우가 많습니다.

到时候你就明白了。 그때가 되면 당신도 알게 될 거예요.
Dào shíhou nǐ jiù míngbai le.

我到时候再跟你联系吧。 제가 그때 다시 당신한테 연락할게요.
Wǒ dào shíhou zài gēn nǐ liánxì ba.

🆕 明白 míngbai 통 알다 형 명백하다

③ 好像忘在房间的抽屉里了。

好像은 '마치 ~와 같다'라는 뜻으로 화자가 어떤 사람이나 사물에 대해 확신하지 못하고 어느 정도의 심증만을 가지고 있을 때 쓰는 표현입니다. 주로 비유하는 문장에 쓰이며, '好像……一样/似的(shìde)' 형식으로도 쓰입니다.

| Grammar

他好像是个中国人。 그는 꼭 중국인인 것 같아요.
Tā hǎoxiàng shì ge Zhōngguórén.

她好像退房走了。 그녀는 체크아웃을 하고 떠난 것 같아요.
Tā hǎoxiàng tuìfáng zǒu le.

你们好像认识很久似的。 당신들은 꼭 오랫동안 알고 지내 온 사람들 같군요.
Nǐmen hǎoxiàng rènshi hěn jiǔ shìde.

new 久 jiǔ 형 오래다, 시간이 길다

4 我叫房务员把它下来吧。

下来는 동사 뒤에 놓여 방향보어로 쓰이며, 동작이 높은 곳에서 낮은 곳으로, 먼 곳에서 가까운 곳으로 이동함을 나타냅니다.

你把我的公文包拿下来吧。 자네 내 서류 가방 좀 가지고 내려오게.
Nǐ bǎ wǒ de gōngwénbāo ná xiàlai ba.

她从楼上慢慢走了下来。 그녀는 위층에서 천천히 걸어 내려왔어요.
Tā cóng lóushàng mànmān zǒu le xiàlai.

new 楼上 lóushàng 명 위층

+ 押金이 뭐지?

중국에는 押金(yājīn)이라는 보증금 문화가 있다. 우리나라에서는 보증금이라고 하면 건물을 계약할 때 지불해야 할 요금이라고 생각하지만, 중국에서는 PC방이나 호텔을 이용할 때도 보증금을 내야 한다. 押金은 숙소 내 물건을 파손하거나 분실할 경우를 대비해 미리 내는 비용으로, 체크아웃 할 때 정산할 금액이 없으면 전액을 돌려준다. 신용카드로 결제했을 경우, 거래 취소를 해 주는데, 금액이 맞게 취소되었는지 반드시 영수증을 확인해야 한다. 일반적으로 숙박요금에 따라 보증금의 금액이 달라진다.

맛있는 대화 연습

| Practice of Conversation

Track 48

1
A 小姐，你给我 开发票 ，好吗?
　　　　　　　打包
　　　　　　　收拾房间

B 好的，请稍等。

new
• 打包 dǎbāo 포장하다
• 收拾 shōushi 정리하다

아가씨, 차 좀 따라 주시겠어요?

2
A 先生，您打算什么时候来 取 ?
　　　　　　　　　　　　 拿
　　　　　　　　　　　　 存

B 下午五点吧。

new
• 拿 ná 가져가다
• 存 cún 맡기다

손님, 언제 바꾸러 오실 예정이세요?

3
A 先生，您的押金单呢?

B 哎呀，我把它忘在 房间 里了。
　　　　　　　　　出租车
　　　　　　　　　外套口袋

new
• 外套 wàitào 외투
• 口袋 kǒudai 주머니

아이고, 제가 깜빡하고 서랍에 뒀네요.

연습 문제

1 녹음을 잘 듣고 질문에 알맞은 답을 고르세요. Track 49

①
  ⓐ 入住
  ⓑ 退房
  ⓒ 换钱

②
  ⓐ 账单和发票
  ⓑ 账单和机票
  ⓒ 发票和房卡

2 다음 대화를 완성하세요.

① A 先生，이곳에 서명해 주십시오.
   B 好的。

   → _____

② A 我可以 이 짐들을 여기에 맡겨도 될까요?
   B 您下午来取就行。

   → _____

③ A 我要退房，이것은 제 룸 카드입니다.
   B 您稍等一下，我给您开发票。

   → _____

| Exercise

3 빈칸에 들어갈 알맞은 단어를 고르세요.

| 叫　　吧　　呢　　要　　嘛 |

❶ 下午五点＿＿＿＿＿，我坐晚上的飞机。

❷ 先生，您的押金单＿＿＿＿＿？

❸ 我＿＿＿＿＿房务员把它拿下来吧。

❹ 小姐，我＿＿＿＿＿刷卡，可以吧？

4 제시된 표현을 사용하여 다음을 중국어로 써 보세요.

❶ 아저씨, 저한테 영수증 좀 주시겠어요? (开)

➡ ＿＿＿＿＿＿＿＿＿＿＿＿＿＿＿＿＿＿＿＿

❷ 제가 그때 가서 다시 연락드리면 어떨까요? (到时候)

➡ ＿＿＿＿＿＿＿＿＿＿＿＿＿＿＿＿＿＿＿＿

❸ 저 친구 아무래도 일본인인 것 같아요. (好像)

➡ ＿＿＿＿＿＿＿＿＿＿＿＿＿＿＿＿＿＿＿＿

❹ 날이 이미 어두워졌어요, 우리 빨리 가요. (下来)

➡ ＿＿＿＿＿＿＿＿＿＿＿＿＿＿＿＿＿＿＿＿

08 과

我派车去接你吧。
Wǒ pài chē qù jiē nǐ ba.
제가 차를 보내 모시도록 할게요.

바이어 미팅

상황 1 미팅 시간 잡기
상황 2 약속 잡기
상황 3 픽업 시간 조율하기

— 这么巧 | 安排의 용법 | 부사 可 | 접속사 既然

친절한 장 사장님, 굳이 나를 위해 차를 보내 주시겠다고 하신다.

내일 드디어 본격적인 협상 돌입.

일단은 우리 쪽이 유리한 위치에 있으니

당당하게 요구할 것은 요구하고, 양보할 것은 양보하자.

협상에서 가장 중요한 것은 쌍방이 모두 행복해야 한다는 것!!

Track 50

핵심구문 ①

您看什么时候见面比较方便?
당신은 언제 만나는 게 비교적 편하신가요?

핵심구문 ②

今天晚上有什么安排吗?
오늘 저녁에 스케줄이 있으세요?

핵심구문 ③

你说我派人几点过去好呢?
제가 몇 시에 그쪽으로 사람을 보내면 될까요?

84 • 맛있는 비즈니스 중국어 Level ③

바이어 미팅

Biz 맛있는 단어 Track 51

- 巧 qiǎo 형 공교롭다, 꼭 맞다
  来得早不如来得巧 lái de zǎo bùrú lái de qiǎo 때마침 잘 왔다

- 比较 bǐjiào 부 비교적, 상대적으로 동 비교하다
  比较好 bǐjiào hǎo 비교적 좋다 | 比较快 bǐjiào kuài 비교적 빠르다 | 比较方便 bǐjiào fāngbiàn 비교적 편리하다

- 方便 fāngbiàn 동 편리하게 하다 형 편리하다

- 安排 ānpái 명 스케줄 동 배정하다, 배치하다

- 聚会 jùhuì 명 모임
  聚餐 jùcān 회식

- 地点 dìdiǎn 명 장소, 위치

- 派 pài 동 파견하다, 보내다

- 打车 dǎchē 동 이합 택시를 타다
  包车 bāochē 차를 대절하다

- 可 kě 부 정말로, 틀림없이, 그러나
  你可真行! Nǐ kě zhēn xíng! 당신 정말 대단해요! | 这可是你说的! Zhè kěshì nǐ shuō de! 이건 틀림없이 당신이 한 말이에요!

- 真是 zhēnshi 부 정말, 사실은, 참
  *감탄사처럼 쓰여 불만의 정서를 나타내고, 뒤에 자주 的를 동반함
  你也真是的。Nǐ yě zhēnshi de. 너도 참.

- 既然 jìrán 접 기왕 ~인 이상, ~된 만큼

- 大厅 dàtīng 명 로비

8과 我派车去接你吧。 85

맛있는 회화

상황1 미팅 시간 잡기 　Track 52

张小五　**金代理，我是张小五。**
　　　　Jīn dàilǐ, wǒ shì Zhāng Xiǎowǔ.

金成功　**哎呀，这么巧❶，我正想给您打电话呢。**
　　　　Āiyā, zhème qiǎo, wǒ zhèng xiǎng gěi nín dǎ diànhuà ne.

张小五　**金代理，您看什么时候见面比较方便？**
　　　　Jīn dàilǐ, nín kàn shénme shíhou jiànmiàn bǐjiào fāngbiàn?

金成功　**明天上午、下午都可以。**
　　　　Míngtiān shàngwǔ、xiàwǔ dōu kěyǐ.

상황2 약속 잡기 　Track 53

张小五　**金代理，今天晚上有什么安排❷吗？**
　　　　Jīn dàilǐ, jīntiān wǎnshang yǒu shénme ānpái ma?

金成功　**没有，您有事吗？**
　　　　Méiyǒu, nín yǒu shì ma?

张小五　**我想请几个朋友过来大家一起喝杯酒，怎么样？**
　　　　Wǒ xiǎng qǐng jǐ ge péngyou guòlai dàjiā yìqǐ hē bēi jiǔ, zěnmeyàng?

金成功　**行啊。**
　　　　Xíng a.

张小五　**那好，聚会的时间和地点定好了我再告诉你。**
　　　　Nà hǎo, jùhuì de shíjiān hé dìdiǎn dìnghǎo le wǒ zài gàosu nǐ.

Dialogue

상황3 픽업 시간 조율하기 Track 54

张小五 金代理，明天我派车去接你吧。
       Jīn dàilǐ, míngtiān wǒ pài chē qù jiē nǐ ba.

金成功 张总，别麻烦了，我自己打车过去就行。
       Zhāng zǒng, bié máfan le, wǒ zìjǐ dǎchē guòqu jiù xíng.

张小五 这可❸不行! 你是我们的客户嘛。
       Zhè kě bùxíng! Nǐ shì wǒmen de kèhù ma.

金成功 咳，您也真是的。那好，谢谢，张总。
       Hāi, nín yě zhēnshi de. Nà hǎo, xièxie, Zhāng zǒng.

张小五 你说我派人几点过去好呢?
       Nǐ shuō wǒ pài rén jǐ diǎn guòqu hǎo ne?

金成功 既然❹要来，那要不就早点儿吧。
       Jìrán yào lái, nà yàobù jiù zǎo diǎnr ba.

张小五 九点是不是太早了?
       Jiǔ diǎn shì bu shì tài zǎo le?

金成功 没事儿，明天早上九点我在宾馆大厅等他。
       Méishìr, míngtiān zǎoshang jiǔ diǎn wǒ zài bīnguǎn dàtīng děng tā.

张小五 好的。我们明天见!
       Hǎo de. Wǒmen míngtiān jiàn!

Tip

+ 약속 관련 표현

- 守约 shǒuyuē 약속을 지키다
- 拉钩 lāgōu 손가락을 걸고 약속하다
- 失约 shīyuē 약속을 어기다
- 一言为定 yì yán wéi dìng 번복함이 없이 한마디로 약속하다
- 信守诺言 xìnshǒu nuòyán 약속을 지키다
- 不见不散 bú jiàn bú sàn 만날 때까지 기다리다. 꼭 만나다
- 放鸽子 fàng gēzi (약속을 해놓고) 바람 맞히다

8과 我派车去接你吧。

맛있는 어법

1 哎呀，这么巧，我正想给您打电话呢。

这么巧는 '이럴 수가'라는 뜻으로 어떤 일이 공교롭게 딱 맞아떨어졌을 때 쓰는 표현입니다. 화자가 하려고 마음먹은 동작을 상대방이 먼저 했거나, 예상치 못한 일이 발생한 경우에 주로 사용합니다.

哎，这么巧，他也来这儿。 어머, 이럴 수가. 저 사람도 여기 왔네요.
Āi, zhème qiǎo, tā yě lái zhèr.

嘿，这么巧，我正想去找你呢。 엄마야, 뭐가 통했네요. 제가 마침 당신을 찾아가려던 참이었거든요.
Hēi, zhème qiǎo, wǒ zhèng xiǎng qù zhǎo nǐ ne.

2 金代理，今天晚上有什么安排吗?

安排가 동사로 쓰일 때는 어떤 일을 '배정하다'의 뜻을 나타내고, 명사로 쓰일 때는 '스케줄'의 뜻을 나타냅니다. 하루 일과, 여행 스케줄, 생산 일정 등 다양한 상황에 쓰입니다.

[동사] 每天的日程都安排得满满的。 하루하루의 스케줄이 꽉꽉 차 있어요.
Měitiān de rìchéng dōu ānpái de mǎnmǎn de.

[명사] 这个周末没什么安排的话，我们聚一下!
Zhège zhōumò méi shénme ānpái dehuà, wǒmen jù yíxià!
이번 주말에 특별한 스케줄이 없으면, 한번 모입시다!

new 日程 rìchéng [명] 일정, 스케줄 | 满 mǎn [형] 가득 차다 | 聚 jù [동] 모이다, 회합하다

3 这可不行! 你是我们的客户嘛。

부사 可는 '정말로, 틀림없이'라는 뜻으로 쓰여 강조를 나타냅니다. 긍정의 어감과 부정의 어감을 모두 강조할 수 있습니다.

这可是你说的，到时候可不能反悔。
Zhè kě shì nǐ shuō de, dào shíhou kě bùnéng fǎnhuǐ.
이건 틀림없이 당신이 이야기한 거예요. 그때 가서 번복해선 안 돼요.

| Grammar

你不来**可**不行，快过来吧。 당신이 안 오면 절대로 안 돼요. 빨리 오세요.
Nǐ bù lái kě bùxíng, kuài guòlai ba.

🆕 反悔 fǎnhuǐ 통 마음이 변하다. 번복하다

4 **既然**要来，那要不就早点儿吧。

既然은 '기왕 ~인 이상'이라는 뜻으로, 앞 절에 위치해 뒤 절의 동작이 일어날 수 있는 전제 조건을 나타냅니다. '既然……就(也/还)' 형식으로 호응하여 주어 앞뒤에 위치할 수 있습니다.

既然来了，你就多呆几天再走。 이왕 온 김에, 며칠 더 있다가 가세요.
Jìrán lái le, nǐ jiù duō dāi jǐ tiān zài zǒu.

既然大家都愿意你来，你就来吧。 기왕 모두들 당신이 오길 바라니, 당신도 오세요.
Jìrán dàjiā dōu yuànyì nǐ lái, nǐ jiù lái ba.

🆕 愿意 yuànyì 통 원하다

➕ 미팅 시간 잡기 전, 거리부터 파악하자!

중국의 거래처를 다니다 보면, 지도상으로는 먼 거리가 아닌데, 비행기와 기차를 갈아타야만 갈 수 있는 곳이라든지, 비행기로 갈 수 없어 기차만 타고 가야 하는 곳이 있다. 이럴 경우 경비와 시간이 예상보다 훨씬 많이 소요된다. 그러니, 중국에서 사업을 하고 싶다면 일단 '느긋해지는 법'과 '거리 개념'을 익혀야 한다. 즉, 지방과 지방 사이를 이동하는 시간이 최소한 우리나라의 몇 배씩 되니까, 그것에 먼저 익숙해져야지 그렇지 않으면 사업도 시작하기 전에 심장병으로 병원에 입원할지도 모른다. 우리의 '속전속결'을 무기력하게 만드는 곳 중국! 아무리 급해도 천천히 가자.

Biz 맛있는 대화 연습

| Practice of Conversation

Track 55

1
A 金代理，今天晚上有什么安排吗?

B 没有，您有事吗?
去看电影
回家休息

도전!! 맛있는 문장 훈련
친구를 만나요. 무슨 일 있으세요?

2
A 金代理，明天我 派车去接你 吧。
去宾馆接你
陪你参观工厂

· 陪 péi 모시다, 동반하다

B 张总，别麻烦了。

도전!! 맛있는 문장 훈련
김 대리님, 제가 내일 공항까지 배웅할게요.

3
A 明天早上九点我在 宾馆大厅 等他。
十字路口
候车室

· 十字路口 shízì lùkǒu 사거리
· 候车室 hòuchēshì 대합실

B 好的。我们明天见!

도전!! 맛있는 문장 훈련
내일 아침 9시에 회사 앞에서 그를 기다릴게요.

연습 문제

1 녹음을 잘 듣고 질문에 알맞은 답을 고르세요. Track 56

❶
   ⓐ 明天早上
   ⓑ 后天上午
   ⓒ 明天下午

❷
   ⓐ 大家
   ⓑ 客户
   ⓒ 朋友

2 다음 대화를 완성하세요.

❶ A 金代理，我是张小五。
   B 哎呀，제가 마침 전화 드리려고 했어요.

   ➡ _____

❷ A 张总，我自己打车过去就行。
   B 这可不行！당신은 우리 바이어이신걸요.

   ➡ _____

❸ A 9시면 너무 이른 거 아닌가요?
   B 没事儿。我在宾馆门口等你。

   ➡ _____

8과 我派车去接你吧。• 91

3 빈칸에 들어갈 알맞은 단어를 고르세요.

| 了 | 别 | 把 | 也 | 派 |

❶ 聚会的时间和地点定好＿＿＿＿＿我再告诉你。

❷ ＿＿＿＿＿麻烦了，我自己打车过去就行。

❸ 咳，您＿＿＿＿＿真是的。

❹ 你说我＿＿＿＿＿人几点过去好呢？

4 제시된 표현을 사용하여 다음을 중국어로 써 보세요.

❶ 어쩜 이럴 수가, 제가 마침 당신을 찾아가려고 했어요. (这么巧)

➡ ＿＿＿＿＿＿＿＿＿＿＿＿＿＿＿＿＿＿＿＿

❷ 내일 일정이 꽉 찼어요. (安排)

➡ ＿＿＿＿＿＿＿＿＿＿＿＿＿＿＿＿＿＿＿＿

❸ 당신이 안 오면 정말 안 된다고요, 당신이 회장이잖아요. (可)   *会长 huìzhǎng 명 회장

➡ ＿＿＿＿＿＿＿＿＿＿＿＿＿＿＿＿＿＿＿＿

❹ 기왕 왔으니, 며칠 더 묵어요. (既然)

➡ ＿＿＿＿＿＿＿＿＿＿＿＿＿＿＿＿＿＿＿＿

09과

我们的产品主要面向年轻一代。
Wǒmen de chǎnpǐn zhǔyào miànxiàng niánqīng yídài.

우리 제품은 젊은이들을 겨냥하고 있습니다.

바이어 미팅

- 상황1 중국 업체 직원과 인사하기
- 상황2 회사에 대해 물어보기
- 상황3 신제품 소개하기

— 到……来 | 下海 | 동사 面向 | 那还用说

장 사장님네 회사 방문.

밝고 건강한 회사 분위기가 느껴진다.

우리 제품을 소개하는 동안 그들의 눈빛이 반짝거린다.

뭔가 잘될 것 같은 예감.

좋았어, 김성공! 이 기운으로 계속 밀고 나가자고.

Track 57

핵심구문 ❶

您就是刘经理，久仰久仰。
당신이 유 팀장님이시군요. 존함은 익히 들었습니다.

핵심구문 ❷

我们公司是1997年成立的。
저희 회사는 1997년에 설립되었습니다.

핵심구문 ❸

这是我们的产品目录，请您过目。
이것은 저희 제품 목록입니다. 한번 보세요.

바이어 미팅

Biz 맛있는 단어 Track 58

久仰久仰	jiǔyǎng jiǔyǎng	존함은 익히 들었습니다
到……来	dào……lái	~로 오다
成立	chénglì	동 설립하다, 수립하다
猜	cāi	동 추측하다

　　猜谜语 cāi míyǔ 수수께끼를 하다

下海	xiàhǎi	동 이합 사업을 시작하다
创业	chuàngyè	동 창업하다
产品目录	chǎnpǐn mùlù	명 제품 목록
过目	guòmù	동 이합 훑어보다, 한번 보다
款式	kuǎnshì	명 디자인, 스타일
主要	zhǔyào	형 주요한 부 주로, 대부분

　　次要 cìyào 부차적인

面向	miànxiàng	동 ~로 향하다, ~를 겨냥하다
年轻	niánqīng	형 젊다, 어리다
一代	yídài	명 한 세대, 동일 연배의 사람
韩版	Hánbǎn	명 한국 스타일
服装	fúzhuāng	명 의상, 의류
销路	xiāolù	명 (상품의) 판로
那还用说	nà hái yòng shuō	말할 것도 없지, 두말하면 잔소리
销售	xiāoshòu	동 판매하다
高手	gāoshǒu	명 고수

9과 我们的产品主要面向年轻一代。

Biz 맛있는 회화

상황1 중국 업체 직원과 인사하기 (Track 59)

张小五 金代理，我给你介绍一下，
Jīn dàilǐ, wǒ gěi nǐ jièshào yíxià,

这位是我们公司销售部经理，刘先生。
zhè wèi shì wǒmen gōngsī xiāoshòubù jīnglǐ, Liú xiānsheng.

金成功 您就是刘经理，久仰久仰。
Nín jiùshì Liú jīnglǐ, jiǔyǎng jiǔyǎng.

刘经理 金代理，你好！欢迎你到中国来❶。
Jīn dàilǐ, nǐ hǎo! Huānyíng nǐ dào Zhōngguó lái.

金成功 谢谢！这么欢迎我。
Xièxie! Zhème huānyíng wǒ.

张小五 来，大家坐下来谈。
Lái, dàjiā zuò xiàlai tán.

상황2 회사에 대해 물어보기 (Track 60)

金成功 张总，你们公司是哪一年成立的？
Zhāng zǒng, nǐmen gōngsī shì nǎ yì nián chénglì de?

张小五 我们公司是1997年成立的。
Wǒmen gōngsī shì yī jiǔ jiǔ qī nián chénglì de.

金成功 那我猜您下海❷创业的时候，年纪还小吧？
Nà wǒ cāi nín xiàhǎi chuàngyè de shíhou, niánjì hái xiǎo ba?

张小五 我是二十八岁就下海创业的。
Wǒ shì èrshíbā suì jiù xiàhǎi chuàngyè de.

| Dialogue

상황3 신제품 소개하기 Track 61

金成功　张总，这是我们的产品目录，请您过目。
　　　　Zhāng zǒng, zhè shì wǒmen de chǎnpǐn mùlù, qǐng nín guòmù.

张小五　你们的新产品真不少啊。是今年秋季的吗?
　　　　Nǐmen de xīnchǎnpǐn zhēn bùshǎo a. Shì jīnnián qiūjì de ma?

金成功　是今年秋冬季的。
　　　　Shì jīnnián qiū-dōngjì de.

张小五　这些衣服款式和颜色都不错。
　　　　Zhèxiē yīfu kuǎnshì hé yánsè dōu búcuò.

金成功　我们的产品主要面向❸年轻一代。
　　　　Wǒmen de chǎnpǐn zhǔyào miànxiàng niánqīng yídài.

张小五　现在中国年轻人也特别喜欢韩版服装。
　　　　Xiànzài Zhōngguó niánqīngrén yě tèbié xǐhuan Hánbǎn fúzhuāng.

金成功　是吗? 那我们的产品在中国市场上一定有销路了?
　　　　Shì ma? Nà wǒmen de chǎnpǐn zài Zhōngguó shìchǎng shang yídìng yǒu xiāolù le?

张小五　那还用说❹。我们刘经理可是销售高手呢。
　　　　Nà hái yòng shuō. Wǒmen Liú jīnglǐ kěshì xiāoshòu gāoshǒu ne.

Tip ✚ 회사 부서 명칭
- 生产部 shēngchǎnbù 생산부
- 人事部 rénshìbù 인사부
- 研发部 yánfābù 연구개발부
- 广告部 guǎnggàobù 광고부
- 市场营销部 shìchǎng yíngxiāobù 마케팅부
- 财务部 cáiwùbù 재무부
- 经营部 jīngyíngbù 경영부
- 公关部 gōngguānbù 홍보부

맛있는 어법

① 金代理，你好！欢迎你到中国来。

'到……来'는 동사 到와 방향보어 来가 결합한 형식으로, 到 뒤에는 주로 장소를 나타내는 목적어가 동반됩니다. 방향보어 来 대신 去를 쓸 수도 있습니다.

以后有机会你到这边来工作吧。 앞으로 기회가 되면 여기에 와서 일하세요.
Yǐhòu yǒu jīhuì nǐ dào zhèbian lái gōngzuò ba.

他们都到哪儿去了呢？ 그들이 모두 어디로 간 거죠?
Tāmen dōu dào nǎr qù le ne?

new 机会 jīhuì 몡 기회

② 那我猜您下海创业的时候，年纪还小吧？

下海는 원래 '생선을 잡으러 바다로 나가다'라는 뜻인데, 지금은 기존에 하던 일을 그만두고 '새롭게 사업을 시작하다'라는 뜻으로 쓰입니다. 주로 '下海创业'로 많이 활용됩니다.

我准备辞职下海。 나는 회사를 그만두고 사업을 시작할까 해요.
Wǒ zhǔnbèi cízhí xiàhǎi.

80年代流行下海热，90年代流行下岗热。
Bāshí niándài liúxíng xiàhǎi rè, jiǔshí niándài liúxíng xiàgǎng rè.
80년대에는 창업 붐이 일었고, 90년대에는 실직 열풍이 불었어요.

new 辞职 cízhí 동 사표를 내다 | 流行 liúxíng 동 유행하다
热 rè 몡 붐 | 下岗 xiàgǎng 동 실직하다

③ 我们的产品主要面向年轻一代。

동사 面向은 '~로 향하다, ~를 겨냥하다'라는 뜻으로 주로 경제 용어로 많이 쓰이며, 생산한 제품의 수요층을 특정 계층으로 겨냥하고 있음을 나타냅니다.

我们的产品主要面向美国、中南美市场。
Wǒmen de chǎnpǐn zhǔyào miànxiàng Měiguó、Zhōngnánměi shìchǎng.
우리 제품은 주로 미국, 중남미 시장을 겨냥하고 있습니다.

| Grammar

贵公司的产品主要面向的客户群是哪些？
Guì gōngsī de chǎnpǐn zhǔyào miànxiàng de kèhùqún shì nǎxiē?
귀사의 제품은 주로 어떤 고객층을 타깃으로 하나요?

> new 客户群 kèhùqún 명 고객층

④ 那还用说。我们刘经理可是销售高手呢。

상대방의 말을 일축할 때 많이 쓰는 관용어로, '자신이 다 알아서 처리할 테니, 상대방은 전혀 걱정할 필요가 없다' 혹은 '너무나 당연하니 말할 필요가 없다'라는 뜻으로 쓰입니다.

那还用说，这个道理是连三岁的小孩儿都知道的。
Nà hái yòng shuō, zhège dàolǐ shì lián sān suì de xiǎoháir dōu zhīdào de.
그걸 말이라고요. 이 이치는 삼척동자도 다 알아요.

那还用说，销售部的员工都去参加你的婚礼。
Nà hái yòng shuō, xiāoshòubù de yuángōng dōu qù cānjiā nǐ de hūnlǐ.
두말하면 잔소리죠. 영업부 직원들이 다 당신 결혼식에 참석할 거예요.

> new 婚礼 hūnlǐ 명 결혼식

+ **명함으로 자신을 알리자!**

중국으로 출장을 가면 업체를 방문한 후 그곳 담당자나 연관된 사람들과 인사를 나누게 된다. 하지만 잠깐 사이에 모든 사람들을 기억할 수는 없는 일! 이때 필요한 것이 바로 명함이다. 회사와 이름, 주소가 중국어로 적혀 있는 명함을 하나쯤은 준비해 놓는 것이 좋다.

勝利服裝有限公司

销售部 代理 **金 成 功**

国家番号 지역번호, 0은 제외
地址 韩国首尔市江南区驿三洞   电话 (82)-(2)-1234-5678
手机 821012345678   传真 82-2-1234-5679
电子邮件 kimsunggong@victoryapparel.com

9과 我们的产品主要面向年轻一代。• 99

Biz 맛있는 대화 연습

| Practice of Conversation

Track 62

1
A 您就是 刘经理 ，久仰久仰。
　　　　 金书记
　　　　 唐总

B 你好！欢迎你到中国来。

new
· 书记 shūjì 서기
· 唐 Táng 당(성씨)

도전!! 맛있는 문장 훈련
선생님이 바로 왕 과장님이시군요. 말씀 많이 들었습니다.

*科长 kēzhǎng 과장

2
A 你们公司是哪一年成立的?

B 我们公司是 1997年 成立的。
　　　　　　 1983年
　　　　　　 2010年

도전!! 맛있는 문장 훈련
저희 회사는 2003년에 설립되었어요.

3
A 这是我们的 产品目录 ，请您过目。
　　　　　　 营业执照
　　　　　　 3C证书

B 好的，我一会儿就看。

new
· 营业执照
　yíngyè zhízhào
　사업자 등록증
· 3C证书
　sān C zhèngshū
　CCC(China Compulsory
　Certification) 인증서

도전!! 맛있는 문장 훈련
이것은 저희 견적서입니다. 한번 보세요.

연습 문제

1 녹음을 잘 듣고 질문에 알맞은 답을 고르세요. Track 63

①
 ⓐ 秋季
 ⓑ 秋冬
 ⓒ 春夏

②
 ⓐ 老人
 ⓑ 年轻人
 ⓒ 年轻妈妈

2 다음 대화를 완성하세요.

①
A 제가 소개 좀 해 드릴게요, 这位是我们公司销售部经理。
B 你好！见到你很高兴。

➡ _____

②
A 您下海创业的时候, 나이가 아직 젊으셨죠?
B 我是二十八岁就下海创业的。

➡ _____

③
A 저희 제품은 중국 시장에서 一定有销路了?
B 当然了。

➡ _____

9과 我们的产品主要面向年轻一代。• 101

3 빈칸에 들어갈 알맞은 단어를 고르세요.

下来   可   小   特别   少

❶ 来，大家坐_____谈。

❷ 你们的新产品真不_____啊。

❸ 现在中国年轻人也_____喜欢韩版服装。

❹ 我们刘经理_____是销售高手呢。

4 제시된 표현을 사용하여 다음을 중국어로 써 보세요.

❶ 앞으로 기회가 되면 우리 회사에 와서 일해요. (到……来)

➡ _____

❷ 저는 사표를 내고 사업을 하려고 하는데, 우리 집사람이 찬성하지 않네요. (下海)

➡ _____

❸ 우리 제품은 주로 동남아 시장을 겨냥하고 있습니다. (面向)

➡ _____

❹ 그걸 말이라고요. 김 대리는 영업 고수예요. (那还用说)

➡ _____

10과

中国也应该有一家代理商。
Zhōngguó yě yīnggāi yǒu yì jiā dàilǐshāng.
중국에도 당연히 대리상이 있어야겠네요.

공장 견학

상황1 대리상에 관해 물어보기
상황2 중국 회사 상황 물어보기
상황3 제품 관련 대화하기

— 동사 算 | 접속사 同时 | 受……欢迎 | 부사 毕竟

중국인들과 협상을 할 때는 절대 급하게 달려들면 안 된다고 했던 말이 생각난다. 그래서 나도 여유롭게 그들이 우리의 대리상이 되고 싶도록 유도 작전을 펼쳤다. 장 사장님께서 이제 어느 정도는 마음을 정하신 것 같다.

Track 64

핵심구문 ①

您的意思是想开拓高档市场?
고급 시장을 개척하고 싶다는 뜻인가요?

핵심구문 ②

哪些产品会受中国年轻人的欢迎?
어떤 제품들이 중국 젊은이들에게 인기가 있을 것 같나요?

핵심구문 ③

您果然是内行啊。
과연 전문가다우십니다.

공장 견학

Biz 맛있는 단어 Track 65

算	suàn	동 ~인 셈이다
代理商	dàilǐshāng	명 대리상, 에이전트
新加坡	Xīnjiāpō	고유 싱가포르
等地	děngdì	명 등지
品牌	pǐnpái	명 브랜드
中档	zhōngdàng	형 중급의
低档	dīdàng	형 저급의
意思	yìsi	명 뜻, 의미
开拓	kāituò	동 개척하다
高档	gāodàng	형 고급의, 상등의
同时	tóngshí	명 동시 접 동시에
受……的欢迎	shòu……de huānyíng	~에게 인기가 있다, ~에게 환영을 받다

受年轻人的欢迎 shòu niánqīngrén de huānyíng 젊은이들에게 인기가 많다

系列	xìliè	명 시리즈
果然	guǒrán	부 과연
内行	nèiháng	명 전문가, 숙련가

外行 wàiháng 문외한, 비전문가

销售量	xiāoshòuliàng	명 판매량
毕竟	bìjìng	부 어쨌든, 어디까지나
感兴趣	gǎn xìngqù	~에 대해 관심(흥미)을 갖다
提供	tígōng	동 제공하다
样品	yàngpǐn	명 견본품, 샘플

10과 中国也应该有一家代理商。 105

맛있는 회화

상황1 대리상에 관해 물어보기 Track 66

张小五　金代理，你们的产品在韩国销售得很好吧？
　　　　Jīn dàilǐ, nǐmen de chǎnpǐn zài Hánguó xiāoshòu de hěn hǎo ba?

金成功　还算❶可以。
　　　　Hái suàn kěyǐ.

张小五　你们已有哪些国家的代理商？
　　　　Nǐmen yǐ yǒu nǎxiē guójiā de dàilǐshāng?

金成功　我们已有日本、香港、新加坡等地的代理商。
　　　　Wǒmen yǐ yǒu Rìběn、Xiānggǎng、Xīnjiāpō děngdì de dàilǐshāng.

张小五　是吗？那中国也应该有一家代理商。
　　　　Shì ma? Nà Zhōngguó yě yīnggāi yǒu yì jiā dàilǐshāng.

상황2 중국 회사 상황 물어보기 Track 67

金成功　张总，您已经有自己的品牌，
　　　　Zhāng zǒng, nín yǐjing yǒu zìjǐ de pǐnpái,

　　　　怎么还想做我们的代理商呢？
　　　　zěnme hái xiǎng zuò wǒmen de dàilǐshāng ne?

张小五　你也知道，我们的产品是中低档的。
　　　　Nǐ yě zhīdào, wǒmen de chǎnpǐn shì zhōng-dīdàng de.

金成功　那您的意思是想开拓高档市场？
　　　　Nà nín de yìsi shì xiǎng kāituò gāodàng shìchǎng?

张小五　对。我们做你们的代理商，
　　　　Duì. Wǒmen zuò nǐmen de dàilǐshāng,

　　　　同时❷也准备我们自己的高档品牌。
　　　　tóngshí yě zhǔnbèi wǒmen zìjǐ de gāodàng pǐnpái.

| Dialogue

상황3 제품 관련 대화하기 Track 68

金成功 张总，您看，哪些产品会受中国年轻人的欢迎❸？
Zhāng zǒng, nín kàn, nǎxiē chǎnpǐn huì shòu Zhōngguó niánqīngrén de huānyíng?

张小五 我觉得S系列和T系列的很好。
Wǒ juéde S xìliè hé T xìliè de hěn hǎo.

金成功 哟！您果然是内行啊。
Yō! Nín guǒrán shì nèiháng a.

张小五 怎么了，金代理？
Zěnme le, Jīn dàilǐ?

金成功 这两种产品是我们销售量最大的。
Zhè liǎng zhǒng chǎnpǐn shì wǒmen xiāoshòuliàng zuì dà de.

张小五 是吗？毕竟❹是好产品，谁都会感兴趣的。
Shì ma? Bìjìng shì hǎo chǎnpǐn, shéi dōu huì gǎn xìngqù de.

金成功 张总，要不我回去给您提供一些样品，
Zhāng zǒng, yàobù wǒ huíqu gěi nín tígōng yì xiē yàngpǐn,

看看顾客的反应，怎么样？
kànkan gùkè de fǎnyìng, zěnmeyàng?

张小五 那太好了。我们帮你们调查一下市场的反应。
Nà tài hǎo le. Wǒmen bāng nǐmen diàochá yíxià shìchǎng de fǎnyìng.

Tip ✚ 제품 판매 관련 단어

- 可销性 kěxiāoxìng 시장성
- 畅销 chàngxiāo 매상이 좋다
- 推销 tuīxiāo 판로를 확장하다
- 开门红 kāimén hóng 시작부터 큰 성과를 거두다
- 有竞争力 yǒu jìngzhēnglì 경쟁력이 있다
- 热销 rèxiāo 불티나게 팔리다
- 不畅销 bú chàngxiāo 판매가 부진하다

맛있는 어법

1 还**算**可以。

算은 동사로 '계산하다'라는 뜻 이외에, 어떤 사람이나 사물, 현상이 '~한 편이다, ~한 셈이다'의 뜻으로 쓰이기도 합니다.

这个公司**算**是成功的了。 이 회사는 성공한 셈이죠.
Zhège gōngsī suànshì chénggōng de le.

这里的夏天不**算**太热。 이곳의 여름은 많이 더운 편이 아니에요.
Zhèlǐ de xiàtiān bú suàn tài rè.

2 **同时**也准备我们自己的高档品牌。

접속사 同时는 '동시에'라는 뜻으로 병렬 복문이나 점층 복문에 많이 쓰입니다.

他是我的同事，**同时**也是老乡。 그는 제 동료이면서, 동시에 고향 사람이기도 합니다.
Tā shì wǒ de tóngshì, tóngshí yě shì lǎoxiāng.

我们这样做不只是在模仿，**同时**想从中学到实用的东西。
Wǒmen zhèyàng zuò bù zhǐshì zài mófǎng, tóngshí xiǎng cóngzhōng xuédào shíyòng de dōngxi.
우리가 이렇게 하는 것은 단지 모방하는 것이 아니라, 동시에 그 속에서 실용적인 것을 배우고 싶어서예요.

new 老乡 lǎoxiāng 명 고향 사람 | 模仿 mófǎng 동 모방하다
从中 cóngzhōng 부 그 속에서

3 哪些产品会**受**中国年轻人的**欢迎**?

'受……(的)欢迎'은 사람이나 사물이 누군가에게 '인기가 많다'라는 뜻으로 '受欢迎'의 형식으로도 쓰입니다.

这是全球最**受欢迎**的产品。 이건 세상에서 가장 인기 있는 제품이에요.
Zhè shì quánqiú zuì shòu huānyíng de chǎnpǐn.

我们的衣服很**受**年轻人的**欢迎**。 우리의 옷은 젊은이들 사이에서 인기가 많아요.
Wǒmen de yīfu hěn shòu niánqīngrén de huānyíng.

| Grammar

4 毕竟是好产品，谁都会感兴趣的。

부사 毕竟은 가장 주된 원인이나 결론을 이야기할 때 씁니다. 주로 문장 앞에 위치하며 '그래도 어쨌든'이나 '그래 봤자 ~한데'의 뜻을 나타냅니다.

毕竟是出口产品，做得很好。 그래도 수출 상품인데, 잘 만들어졌죠.
Bìjìng shì chūkǒu chǎnpǐn, zuò de hěn hǎo.

毕竟是个外国人嘛，有些忌讳他不会懂。
Bìjìng shì ge wàiguórén ma, yǒuxiē jìhuì tā bú huì dǒng.
어디까지나 외국인이잖아요. 어떤 금기들은 그가 잘 몰라요.

✚ 중국에서 인기 있는 한국 제품은 뭘까?

☐ 三星(Sānxīng, 삼성)
삼성은 중국인들이 선호하는 한국 제품 중 하나이다. 중국 중산층 사이에서도 삼성 스마트 TV의 인기는 대단하다.

☐ 兰芝(Lánzhī, 라네즈)
라네즈 화장품은 다른 유명 제품에 비해 가격도 저렴하고 품질 또한 뛰어나서 중국 여성들 사이에서 인기가 좋다고 한다.

☐ 好丽友(Hǎolìyǒu, 오리온)
중국에 출시되고 있는 한국 스낵류 중 가장 높은 인기를 얻고 있는 것이 초코파이다. 어린아이부터 노년층까지 모든 세대가 좋아한다고 하니 중국 친구 집에 초대 받았을 때 선물로 들고 가는 것도 좋을 듯하다.

Biz 맛있는 대화 연습

| Practice of Conversation

Track 69

1
A 金代理， 你们的产品 在韩国销售得很好吧?
　　　 这款智能手机
　　　 这款越野车

new
- 智能手机 zhìnéng shǒujī 스마트폰
- 越野车 yuèyěchē SUV 차량

B 还可以。

 김 대리님, 이 식품은 한국에서 잘 팔리죠?

2
A 您的意思是想开拓 高档市场 ?
　　　　　　　　　 二手市场
　　　　　　　　　 夹缝市场

new
- 二手市场 èrshǒu shìchǎng 중고 시장
- 夹缝市场 jiāféng shìchǎng 틈새 시장

B 对。我们做你们的代理商。

 당신은 중저가 시장을 개척한다는 뜻인가요?

3
A 我觉得S系列和T系列的很好。

B 哟! 您果然是 内行 啊。
　　　　　　　有眼光的
　　　　　　　做销售的

new
- 有眼光 yǒu yǎnguāng 안목이 있다

 오! 과연 전문가다우십니다.

＊专家 zhuānjiā 전문가

 연습 문제

1 녹음을 잘 듣고 질문에 알맞은 답을 고르세요. Track 70

❶
ⓐ 日本
ⓑ 美国
ⓒ 新加坡

❷
ⓐ 样品
ⓑ 产品
ⓒ 原料

2 다음 대화를 완성하세요.

❶
A 我觉得 중국에도 당연히 대리상이 있어야 해요.
B 我也这么想。

➡ _____

❷
A 您怎么还想做我们的代理商呢?
B 我想 고급 시장을 개척하려고요.

➡ _____

❸
A 哪些产品是 판매량이 가장 많아요 的?
B 这两种产品是我们销售量最大的。

➡ _____

10과 中国也应该有一家代理商。• 111

3 빈칸에 들어갈 알맞은 단어를 고르세요.

一下 　　 和 　　 会 　　 等地 　　 能

❶ 我们已有中东、南美、东南亚_____的代理商。

❷ 我觉得S系列_____T系列的很好。

❸ 毕竟是好产品，谁都_____感兴趣的。

❹ 我们帮你们调查_____市场的反应。

4 제시된 표현을 사용하여 다음을 중국어로 써 보세요.

❶ 이 회사는 비교적 큰 전자 회사 축에 속해요. (算)　　＊电子 diànzǐ 명 전자

　➡ _____

❷ 그는 제 동료이면서, 동시에 고향 사람이기도 해요. (同时)

　➡ _____

❸ 우리 제품은 젊은이들에게 인기가 참 많아요. (受……欢迎)

　➡ _____

❹ 이것들은 어쨌든 수출 상품이라, 잘 만들었어요. (毕竟)

　➡ _____

11과

贵公司对代理商有什么要求?
Guì gōngsī duì dàilǐshāng yǒu shénme yāoqiú?
귀사는 대리상에 대해 어떤 요구 사항이 있나요?

공장 견학

- 상황 1 직영점 둘러보기
- 상황 2 공장 둘러보기
- 상황 3 대리상 계약 조건 이야기하기

— 전치사 为 | 대동사 搞 | 有道理 | 형용사 差不多

드디어 막바지 협상. 마지막으로 대리점 수수료율만 남겨 놓은 상태.

최종 결정은 내가 한국에 돌아가서

사장님과 상의한 후에 통보하기로 했다.

이 정도면 90%는 성공한 것 같다.

그래도 10%의 변수를 성공으로 이끌기 위해 끝까지 노력해야지~

Track 71

핵심구문 ❶

这里的一切都是为顾客着想的。
이곳 전체가 고객에 대한 배려로 가득 차 있네요.

핵심구문 ❷

你们车间搞得非常干净啊。
작업장이 아주 깨끗하네요.

핵심구문 ❸

我们打算明年春季开始出售。
저희는 내년 춘기에 판매를 시작할 생각입니다.

> 공장 견학

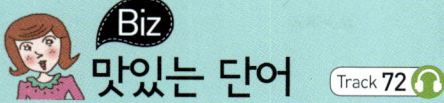 맛있는 단어 Track 72

- 直销店 zhíxiāodiàn 명 직영점
- 布置 bùzhì 통 진열하다, 배치하다
- 生动 shēngdòng 형 생기가 있다
- 活泼 huópo 형 활발하다, 생동감이 있다
- 游乐园 yóulèyuán 명 놀이공원
- 空间 kōngjiān 명 공간
- 一切 yíqiè 대 일체, 전부
- 着想 zhuóxiǎng 통 고려하다, 염두에 두다
- 上帝 shàngdì 명 하느님
- 搞 gǎo 통 ~하다, ~에 종사하다
- 干净 gānjìng 형 깨끗하다
- 国外客户 guówài kèhù 명 외국 손님, 외국 바이어
- 讲究 jiǎngjiu 통 중시하다, ~에 신경 쓰다
- 卫生 wèishēng 명 위생 형 위생적이다
- 形象 xíngxiàng 명 이미지
- 有道理 yǒu dàolǐ 일리가 있다, 이치에 맞다
- 出售 chūshòu 통 팔다, 판매하다
- 为 wéi 통 ~로 삼다
- 剩下 shèngxià 통 남다, 남기다
- 佣金 yòngjīn 명 중개 수수료, 커미션
- 售出 shòuchū 명 매출
- 货物 huòwù 명 화물, 물품
- 价款 jiàkuǎn 명 대금, 값
- 差不多 chàbuduō 형 거의 다 되어 가다, 거의 비슷하다

11과 贵公司对代理商有什么要求? • 115

맛있는 회화

상황 1 직영점 둘러보기 Track 73

张小五 金代理，本店就是我们公司的直销店。
　　　　Jīn dàilǐ, běn diàn jiù shì wǒmen gōngsī de zhíxiāodiàn.

金成功 哇！这里布置得生动活泼，像游乐园。
　　　　Wā! Zhèlǐ bùzhì de shēngdòng huópo, xiàng yóulèyuán.

张小五 是吗？这里是年轻人的空间。
　　　　Shì ma? Zhèlǐ shì niánqīngrén de kōngjiān.

金成功 我看这里的一切都是为❶顾客着想的。
　　　　Wǒ kàn zhèlǐ de yíqiè dōu shì wèi gùkè zhuóxiǎng de.

张小五 这是应该的，顾客是上帝嘛。
　　　　Zhè shì yīnggāi de, gùkè shì shàngdì ma.

상황 2 공장 둘러보기 Track 74

金成功 张总，你们车间搞❷得非常干净啊。
　　　　Zhāng zǒng, nǐmen chējiān gǎo de fēicháng gānjìng a.

张小五 你们这些国外客户都讲究卫生嘛。
　　　　Nǐmen zhèxiē guówài kèhù dōu jiǎngjiu wèishēng ma.

金成功 这么做对你们的形象也好啊。
　　　　Zhème zuò duì nǐmen de xíngxiàng yě hǎo a.

张小五 对，你说的也有道理❸。
　　　　Duì, nǐ shuō de yě yǒu dàolǐ.

| Dialogue

상황3 대리상 계약 조건 이야기하기 Track 75

张小五　金代理，你们打算什么时候开始在中国出售？
　　　　Jīn dàilǐ, nǐmen dǎsuan shénme shíhou kāishǐ zài Zhōngguó chūshòu?

金成功　我们打算明年春季开始出售。
　　　　Wǒmen dǎsuan míngnián chūnjì kāishǐ chūshòu.

张小五　那你们对代理商有什么要求？
　　　　Nà nǐmen duì dàilǐshāng yǒu shénme yāoqiú?

金成功　我们要求你们只在国内销售，代理时间为两年。
　　　　Wǒmen yāoqiú nǐmen zhǐ zài guónèi xiāoshòu, dàilǐ shíjiān wéi liǎng nián.

张小五　这个没问题啊。现在就剩下佣金问题了。
　　　　Zhège méi wèntí a. Xiànzài jiù shèngxià yòngjīn wèntí le.

金成功　佣金是售出货物价款的7%，您看怎么样？
　　　　Yòngjīn shì shòuchū huòwù jiàkuǎn de bǎi fēn zhī qī, nín kàn zěnmeyàng?

张小五　这稍微低一点儿。我觉得8%还差不多❹。
　　　　Zhè shāowēi dī yìdiǎnr. Wǒ juéde bǎi fēn zhī bā hái chàbuduō.

金成功　这我得先跟老总商量商量。
　　　　Zhè wǒ děi xiān gēn lǎozǒng shāngliang shāngliang.

Tip

+ 공장 관련 명칭

- 工作服 gōngzuòfú 작업복
- 安全鞋 ānquánxié 안전화
- 包装车间 bāozhuāng chējiān 포장 작업장
- 物流仓库 wùliú cāngkù 물류 창고
- 生产流水线 shēngchǎn liúshuǐxiàn 생산 라인
- 装配流水线 zhuāngpèi liúshuǐxiàn 조립 라인

- 安全帽 ānquánmào 안전모
- 制成品 zhìchéngpǐn 완제품

11과 贵公司对代理商有什么要求？ • 117

Biz 맛있는 어법

① 我看这里的一切都是**为**顾客着想的。

전치사 为는 주로 '~을 위해'라는 목적의 뜻으로 쓰이지만, 이 외에 어떤 동작의 원인이 되는 대상을 이끄는 작용을 해 '~때문에, ~로 인하여'라는 뜻을 나타내기도 합니다.

목적 我们**为**顾客提供售后服务。 저희는 고객을 위해 애프터 서비스를 제공해 드립니다.
Wǒmen wèi gùkè tígōng shòuhòu fúwù.

원인 你用不着**为**这件事儿操心了。 당신은 이 일로 속 끓일 것 없어요.
Nǐ yòngbuzháo wèi zhè jiàn shìr cāoxīn le.

> new 售后服务 shòuhòu fúwù 명 애프터 서비스(AS)
> 用不着 yòngbuzháo ~할 것 없다 | 操心 cāoxīn 동 애태우다

② 张总，你们车间**搞**得非常干净啊。

搞는 대동사로 문장 안에서 다른 동사를 대신해 쓰이기도 하고, '어떤 분야에 종사하다'라는 뜻을 나타내기도 합니다.

你们一定要把产量**搞**上去，这样下去不行。
Nǐmen yídìng yào bǎ chǎnliàng gǎo shàngqu, zhèyàng xiàqu bùxíng.
당신들은 반드시 생산량을 늘려야만 합니다. 지금처럼 해서는 안 돼요.

他是**搞**贸易的，他爱人是**搞**艺术的。 그는 무역 일을 하고, 그의 아내는 예술계에서 일해요.
Tā shì gǎo màoyì de, tā àirén shì gǎo yìshù de.

> new 艺术 yìshù 명 예술

③ 你说的也**有道理**。

有道理는 '일리가 있다, 이치에 맞다'라는 뜻의 관용어로, 상대방 혹은 제3자가 한 말이나 행동을 인정할 때 사용합니다. 즉 100%까지는 아니어도 상당 부분 수긍한다는 뜻을 포함하고 있습니다.

我觉得你说得很**有道理**。 저는 당신이 한 말이 아주 일리가 있다고 생각해요.
Wǒ juéde nǐ shuō de hěn yǒu dàolǐ.

| Grammar

贵公司这么说也有道理。我们要再考虑考虑。
Guì gōngsī zhème shuō yě yǒu dàolǐ. Wǒmen yào zài kǎolǜ kǎolǜ.
귀사에서 이렇게 말씀하시는 것도 일리가 있어요. 저희도 다시 고려해 볼게요.

④ 我觉得8%还差不多。

差不多는 '거의 다 되다'라는 뜻으로 어떤 일의 완성도가 80~90% 정도 이루어졌을 때 쓰는 표현입니다. 또한 어떠한 면에서 큰 차이가 없음을 나타내기도 한다.

贵公司要的样品做得差不多了。 귀사에서 요청하신 샘플은 거의 다 되었습니다.
Guì gōngsī yào de yàngpǐn zuò de chàbuduō le.

这两家公司的产品质量差不多。 이 두 회사의 제품은 품질이 비슷합니다.
Zhè liǎng jiā gōngsī de chǎnpǐn zhìliàng chàbuduō.

 质量 zhìliàng 명 품질

비즈니스 달인을 위한 Tip

＋ 사람과 사람의 약속, 계약서

계약서를 작성할 때는 신중을 기해야 한다. 계약서에 주로 쓰이는 용어를 미리 익혀 실전 업무에서 실수하지 않도록 하자.

- 买方 mǎifāng 구매측
- 货号 huòhào 화물 번호
- 单价 dānjià 단가
- 总值 zǒngzhí 총액
- 原产地 yuánchǎndì 원산지
- 发货期限 fāhuò qīxiàn 출하 기한

- 卖方 màifāng 판매측
- 规格 guīgé 규격
- 金额 jīn'é 금액
- 验收 yànshōu 검수
- 制造商 zhìzàoshāng 제조 업체

Biz 맛있는 대화 연습

| Practice of Conversation

Track 76

1
A 本店就是我们公司的 直销店 。
　　　　　　　　　　 连锁店
　　　　　　　　　　 分店

B 哇！这里布置得非常好。

new
- 连锁店 liánsuǒdiàn
  연쇄점
- 分店 fēndiàn
  분점, 지점

도전!! 맛있는 문장 훈련
이 매장이 저희 회사 본점이에요.

＊总店 zǒngdiàn 본점

2
A 这么做对 你们的形象 也好啊。
　　　　　　 两家公司
　　　　　　 生产工程

B 对，你说的也有道理。

new
- 工程 gōngchéng
  공정, 계획

도전!! 맛있는 문장 훈련
이렇게 해 놓으면 제품 품질에도 좋잖아요.

3
A 佣金 是售出货物价款的7%，您看怎么样？
　 利息
　 回扣

B 这稍微低一点儿。

new
- 利息 lìxī 이자
- 回扣 huíkòu 리베이트

도전!! 맛있는 문장 훈련
수속비는 물품 판매 대금의 7%로 책정하려고 하는데, 어떠신지요?

＊手续费 shǒuxùfèi 수속비

연습 문제

1 녹음을 잘 듣고 질문에 알맞은 답을 고르세요. (Track 77)

①

   ⓐ 国内客户
   ⓑ 国外客户
   ⓒ 国内顾客

②

   ⓐ 明年秋季
   ⓑ 明年春季
   ⓒ 明年夏季

2 다음 대화를 완성하세요.

① A 这里布置得生动活泼，像游乐园。
   B 这里是 젊은이들의 공간입니다.

   ➡ _____

② A 那你们对代理商有什么要求?
   B 我们要求你们 국내에서만 판매했으면 합니다.

   ➡ _____

③ A 我觉得 수수료는 물품 판매 대금의 7%로 책정하려고 하는데, 您看怎么样?
   B 这我得先跟老总商量商量。

   ➡ _____

11과 贵公司对代理商有什么要求? • 121

3 빈칸에 들어갈 알맞은 단어를 고르세요.

一切　　下　　为　　对　　在

❶ 我看这里的_____都是为顾客着想的。

❷ 你们_____国外客户有什么要求?

❸ 代理时间_____两年，怎么样?

❹ 现在就剩_____佣金问题了。

4 제시된 표현을 사용하여 다음을 중국어로 써 보세요.

❶ 저희는 고객을 위해 최상의 서비스를 제공합니다. (为)

　➡ _____

❷ 저 사람이 무역 일을 하니까, 통관 문제는 저 사람한테 물어봐요. (搞)

　➡ _____

＊通关 tōngguān 명 통관

❸ 당신들이 이렇게 얘기하는 것도 일리가 있네요. (有道理)

　➡ _____

❹ 이 두 제품은 가격 면에서 비슷하네요. (差不多)

　➡ _____

12과

今天我们在这儿设小宴。
Jīntiān wǒmen zài zhèr shè xiǎoyàn.
오늘 저희가 이곳에 조촐한 식사 자리를 마련했습니다.

접대

- 상황 1 자리 배정하기
- 상황 2 못 먹는 음식이 나왔을 때
- 상황 3 식사하며 대화하기

— 为……洗尘 | 접속사 不过 | 동사 合 | 부사 简直

음~ 향기 좋고, 맛 좋고~ 좋아 좋아. 음식이 그냥 입에 쫙쫙~ 붙는다.

환영식을 해 주시겠다고 장 사장님이 초대하신 분들도

모두 식구같이 느껴져 더 즐거운 식사 시간.

요즘 나의 전용 기사 노릇을 해 주고 있는

小陶(Xiǎo Táo)도 많이 드세요~~

Track 78

핵심구문 ❶

小弟初来贵宝地还请大家多多关照。
제가 이곳 회사에 처음 왔으니, 잘 좀 부탁드립니다.

핵심구문 ❷

不好意思，我不能吃香菜。
죄송합니다, 저는 시앙차이를 못 먹습니다.

핵심구문 ❸

您就别给我戴高帽了。
비행기 그만 태우세요.

접대

Biz 맛있는 단어 Track 79

诸位	zhūwèi	때 제위, 여러분
各位 gèwèi 여러분		
入席	rùxí	통 이합 자리에 앉다
设宴	shèyàn	통 이합 연회를 베풀다
洗尘	xǐchén	통 멀리서 온 사람에게 연회를 베풀어 환영하다
为……洗尘	wèi……xǐchén	~에게 환영회를 열어 주다
哪里哪里	nǎli nǎli	천만에요, 별말씀을요
哪儿的话 nǎr de huà 별말씀을요 ǀ 哪儿啊 nǎr a 뭐요		
小弟	xiǎodì	명 저, 소생 *친구 혹은 사람 사이에 자신을 낮추는 말
初来	chūlái	통 새로 오다, 방금 오다, 처음 오다
贵宝地	guì bǎodì	상대방이 있는 곳이나 회사를 높여 부르는 말
香菜	xiāngcài	명 고수(식물), 시앙차이
过敏	guòmǐn	통 알레르기 반응을 보이다, 예민하다
不过	búguò	접 그러나, 하지만
可是 kěshì 그러나 ǀ 但是 dànshì 그러나		
合	hé	통 ~에 맞다, 부합하다
口味儿	kǒuwèir	명 입맛
大闸蟹	dàzháxiè	명 참게
特产	tèchǎn	명 특산물, 특산품
简直	jiǎnzhí	부 그야말로, 너무나, 전혀
中国通	Zhōngguótōng	명 중국통
戴高帽	dài gāomào	상대방을 추켜올리다
用	yòng	통 (음식을) 먹다, 사용하다
用餐 yòngcān 식사하다		

12과 今天我们在这儿设小宴。• 125

맛있는 회화

상황1 자리 배정하기 Track 80

张小五 诸位请入席。金代理，这边请。
　　　　Zhūwèi qǐng rùxí. Jīn dàilǐ, zhèbian qǐng.

金成功 谢谢!
　　　　Xièxie!

张小五 今天我们在这儿设小宴，这算是为你洗尘❶好了。
　　　　Jīntiān wǒmen zài zhèr shè xiǎo yàn, zhè suànshì wèi nǐ xǐchén hǎo le.

金成功 哪里哪里，小弟初来贵宝地还请大家多多关照。
　　　　Nǎli nǎli, xiǎodì chūlái guì bǎodì hái qǐng dàjiā duōduō guānzhào.

상황2 못 먹는 음식이 나왔을 때 Track 81

张小五 金代理，尝尝这个菜。
　　　　Jīn dàilǐ, chángchang zhège cài.

金成功 张总，不好意思，我不能吃香菜。
　　　　Zhāng zǒng, bù hǎoyìsi, wǒ bù néng chī xiāngcài.

张小五 怎么，你对香菜过敏吗?
　　　　Zěnme, nǐ duì xiāngcài guòmǐn ma?

金成功 也不是，不过❷，一吃香菜，肚子就不太舒服。
　　　　Yě bú shì, búguò, yì chī xiāngcài, dùzi jiù bú tài shūfu.

张小五 哦，这样啊，那你就别吃了。
　　　　Ò, zhèyàng a, nà nǐ jiù bié chī le.

| Dialogue

상황3 식사하며 대화하기 Track 82

张小五 这儿的菜不知合不合你的口味儿。
Zhèr de cài bù zhī hé bu hé nǐ de kǒuwèir.

金成功 很合❸我的口味儿。我从小就喜欢吃中国菜。
Hěn hé wǒ de kǒuwèir. Wǒ cóng xiǎo jiù xǐhuan chī Zhōngguó cài.

刘经理 是吗？金代理，尝尝大闸蟹。这是上海特产。
Shì ma? Jīn dàilǐ, chángchang dàzháxiè. Zhè shì Shànghǎi tèchǎn.

金成功 听说你们上海人都爱吃大闸蟹，是吧？
Tīngshuō nǐmen Shànghǎirén dōu ài chī dàzháxiè, shì ba?

张小五 哟！你看，金代理还挺了解上海人呢。
Yō! Nǐ kàn, Jīn dàilǐ hái tǐng liǎojiě Shànghǎirén ne.

简直❹是个中国通嘛。
Jiǎnzhí shì ge Zhōngguótōng ma.

金成功 您就别给我戴高帽了。
Nín jiù bié gěi wǒ dài gāomào le.

张小五 好了好了，金代理，请多吃菜。
Hǎo le hǎo le, Jīn dàilǐ, qǐng duō chī cài.

金成功 好的。您也多用点儿。
Hǎo de. Nín yě duō yòng diǎnr.

Tip ✚ 요리법과 관련된 단어

 炒 볶다 chǎo
 拌 무치다 bàn
 煮 삶다, 끓이다 zhǔ
 蒸 찌다 zhēng
 炸 튀기다 zhá
 烤 굽다 kǎo

맛있는 어법

❶ 今天我们在这儿设小宴，这算是为你洗尘好了。

'为……洗尘'은 '~에게 환영회를 열어 주다'라는 뜻으로 接风洗尘(jiēfēng xǐchén)이라고도 하는데, 멀리서 온 친구나 손님을 위해 환영회를 열어 줄 때 사용합니다.

我们在这儿设宴，为各位洗尘。 저희는 여기에 식사 자리를 마련해, 여러분을 환영하는 바입니다.
Wǒmen zài zhèr shèyàn, wèi gèwèi xǐchén.

참고 송별회를 할 때는 '为……饯行(jiànxíng)'을 씁니다.

我们打算明天在建国宾馆设午宴，为二位饯行。
Wǒmen dǎsuan míngtiān zài Jiànguó Bīnguǎn shè wǔ yàn, wèi èr wèi jiànxíng.
저희는 내일 지엔구어 호텔에서 오찬을 하며, 두 분과 이별의 아쉬움을 나누려 합니다.

❷ 不过，一吃香菜，肚子就不太舒服。

'그러나, 하지만'의 뜻을 나타내는 不过는 但是(dànshì), 可是(kěshì)보다 가벼운 어감으로 역접 복문에 쓰입니다. 뒤 절에 위치해 앞 절에 대한 설명을 보충하거나 상반되는 의견을 제시하기도 합니다.

这个菜很好吃，不过太辣。 이 음식은 맛있긴 한데요. 너무 매워요.
Zhège cài hěn hǎochī, búguò tài là.

我不喜欢喝酒，不过为了助兴，我喝。
Wǒ bù xǐhuan hē jiǔ, búguò wèile zhùxìng, wǒ hē.
전 술 마시는 걸 안 좋아해요. 하지만 분위기를 위해 마시는 거예요.

new 为了 wèile 젠 ~을 하기 위하여 | 助兴 zhùxìng 통 분위기를 돋우다

❸ 很合我的口味儿。

合는 '~에 부합하다'라는 뜻을 나타내는 동사입니다. 주로 情理(qínglǐ 이치, 도리, 사리), 规格(guīgé 규격), 口味儿(kǒuwèir 입맛), 要求(yāoqiú 요구) 등의 단어와 호응합니다.

| Grammar

这些菜都合我的口味儿。 이 음식들은 다 제 입맛에 맞네요.
Zhèxiē cài dōu hé wǒ de kǒuwèir.

怎样做才合客户要求呢？ 어떻게 해야 바이어의 요구를 충족시킬 수 있을까요?
Zěnyàng zuò cái hé kèhù yāoqiú ne?

④ 简直是个中国通嘛。

'그야말로'라는 뜻을 나타내는 简直는 부사로 과장의 어감을 띠며 '상황이 ~하다'라는 강조의 역할을 합니다. 보통 是자문이나 비유하는 문장에 자주 쓰입니다.

这简直是在做梦！ 정말이지 꿈을 꾸고 있는 것만 같아요.
Zhè jiǎnzhí shì zài zuòmèng!

这里简直就是美食家的天堂。 이곳은 그야말로 미식가의 천국이네요.
Zhèlǐ jiǎnzhí jiùshì měishíjiā de tiāntáng.

new 美食家 měishíjiā 명 미식가 | 天堂 tiāntáng 명 천국

+ **행운의 7이 중국 식탁에서는 어떤 의미일까?**

모임이나 회식 자리에서 좌석을 배치할 때는 그날의 주빈이 손님의 자리를 정해 주는데, 가장 귀한 손님이 주빈의 왼쪽과 오른쪽에 앉는다. 모두 착석한 후 음식을 주문하면 되는데, 음식 주문법은 짝수 요리에 탕류를 추가하는 식으로 이루어진다. 이때 특히 주의해야 할 점은 절대로 7가지 요리를 주문해선 안 된다는 것이다. 중국에서는 집안에 상을 당했을 때만 '7가지 요리'로 문상객을 대접하기 때문이다. 또한 밥을 다 먹은 후에는 절대로 '我吃完饭了'라고 말하지 않는다. 이 말은 '내가 이 세상에서 먹을 밥을 다 먹었소' 즉, '죽음'을 뜻하기 때문이다. 그럼 어떻게 잘 먹었다는 표현을 할까? '我吃饱了.(배가 부르네요.)'라고 하면 된다.

Biz 맛있는 대화 연습

| Practice of Conversation

Track 83

1

A 诸位请 入席 。金代理，这边请。
　　　　安静
　　　　注意

> new
> • 安静 ānjìng 조용하다

B 谢谢!

> 도전!! 맛있는 문장 훈련
> 다들 들어오세요. 김 대리님은 여기 앉으세요.

*进来 jìnlai 들어오다

2

A 不好意思，我不能吃 香菜 。
　　　　　　　　　　猪肉
　　　　　　　　　　生鱼片

> new
> • 猪肉 zhūròu 돼지고기
> • 生鱼片 shēngyúpiàn 생선회

B 这样啊，那你就别吃了。

> 도전!! 맛있는 문장 훈련
> 죄송합니다. 제가 매운 것을 못 먹거든요.

3

A 你看，金代理还挺了解 上海人 呢。简直是个中国通嘛。
　　　　　　　　　　　中国习俗
　　　　　　　　　　　这儿的情况

B 您就别给我戴高帽了。

> 도전!! 맛있는 문장 훈련
> 이것 좀 보세요. 김 대리님은 중국 문화까지도 꿰뚫고 있어요. 정말이지 중국통이라니까요.

연습 문제

1 녹음을 잘 듣고 질문에 알맞은 답을 고르세요. Track 84

①
  ⓐ 青海
  ⓑ 上海
  ⓒ 深圳

  *青海 Qīnghǎi [고유] 칭하이

②
  ⓐ 肚子不舒服
  ⓑ 肚子很舒服
  ⓒ 肚子很饱

2 다음 대화를 완성하세요.

①
A 不好意思，我不能吃这个菜。
B 是吗？ 그럼 자네는 먹지 말게나.

➡ _____

②
A 听说你们 상하이인들은 다 참게를 잘 먹는다, 是吧?
B 哟! 你看，金代理还挺了解上海人呢。

➡ _____

③
A 金代理, 이 음식 맛 좀 봐요.
B 好的。哎呀! 真好吃。

➡ _____

| Exercise

3 빈칸에 들어갈 알맞은 단어를 고르세요.

> 多　　关照　　还　　不好意思　　哪里哪里

❶ 小弟初来贵宝地还请大家多多_____。

❷ 张总，_____，我对香菜过敏。

❸ 你看，金代理_____挺了解上海人呢。

❹ 金代理，请_____吃菜。

4 제시된 표현을 사용하여 다음을 중국어로 써 보세요.

❶ 오늘 제가 한턱낼게요. 여러분들께 환영식 하는 셈 치겠습니다. (为……接风洗尘)

　➡ _____

❷ 이 옷은 예쁘긴 한데, 조금 비싸네요. (不过)

　➡ _____

❸ 당신이 주문한 음식은 다 제 입에 맞는군요. (合)

　➡ _____

❹ 두 제품이 정말이지 똑같네요. (简直)

　➡ _____

13과

我就以茶代酒吧。
Wǒ jiù yǐ chá dài jiǔ ba.
차로 술을 대신하겠습니다.

접대

- 상황1 술을 권할 때
- 상황2 술을 못 마실 상황일 때
- 상황3 술자리에서 대화하기

— 동사 陪 | 以茶代酒 | 说实话 | 对……表示

중국 주도의 기본은 첫 세 잔은 건배를 해야 한다지!

좋았어, 가볍게 3배(三杯)~~ 동석한 사람들은 '저 친구 뭘 좀 아는데' 하는 흡족한 표정이다.

'자네 한 잔~, 나 한 잔~' 하면서 우리는 어느새

'酒逢知己千杯少(술이 지기를 만나면 천 잔으로도 부족하다)'를

외치고 있었다.

Track 85

핵심구문 ❶

我就以茶代酒吧。
저는 차로 술을 대신하겠습니다.

핵심구문 ❷

我平时不喝酒，今天是破例。
제가 평소엔 술을 안 마시는데, 오늘은 예외입니다.

핵심구문 ❸

为了我们的合作成功，干杯!
우리의 거래가 성사되길 바라며, 건배!

접대

Biz 맛있는 단어  Track 86

- 酒逢知己千杯少 jiǔ féng zhī jǐ qiān bēi shǎo
  술이 지기를 만나면 천 잔으로도 부족하다

  话不投机半句多 huà bù tóujī bànjù duō 말이 통하지 않으면 반 마디 말도 낭비이다

- 陪　　　　　péi　　　　　　　통 동반하다, 모시다
- 舍命陪君子　shěmìng péi jūnzǐ　목숨을 바쳐 주군을 모시다
- 以茶代酒　　yǐ chá dài jiǔ　　차로 술을 대신하다
- 勉强　　　　miǎnqiǎng　　　통 억지로 ~하다
- 敬　　　　　jìng　　　　　　통 (술·음식을) 공손하게 올리다

  敬酒不吃, 吃罚酒 jìngjiǔ bù chī, chī fájiǔ 권하는 술은 마시지 않고 벌주를 마시다, 말을 해서는 안 듣고 때려야 말을 듣다

- 海量　　　　hǎiliàng　　　　명 대단한 주량, 술고래
- 说实话　　　shuō shíhuà　　솔직히 말해서

  说真话 shuō zhēnhuà 솔직히 말해서

- 破例　　　　pòlì　　　　　　통 이합 통례를 깨다
- 男子汉大丈夫 nánzǐhàn dàzhàngfu
  　　　　　　　　　　　　　명 사내대장부
- 代表　　　　dàibiǎo　　　　명 대표 통 ~를 대표하다
- 盛情招待　　shèngqíng zhāodài　융숭하게 대접하다

  盛情款待 shèngqíng kuǎndài 극진하게 대우하다

- 对……表示　duì……biǎoshì　~에게 표시하다, ~에게 나타내다
- 圆满　　　　yuánmǎn　　　　형 원만하다, 훌륭하다

  圆满解决 yuánmǎn jiějué 원만하게 해결되다 | 圆满完成 yuánmǎn wánchéng 원만하게 마치다 | 圆满结束 yuánmǎn jiéshù 원만하게 끝나다

13과 我就以茶代酒吧。• 135

맛있는 회화

상황1 술을 권할 때 　Track 87

张小五　来，大家，再喝一杯！
　　　　Lái, dàjiā, zài hē yì bēi!

金成功　张总，我喝得差不多了。
　　　　Zhāng zǒng, wǒ hē de chàbuduō le.

张小五　别客气，酒逢知己千杯少嘛。
　　　　Bié kèqi, jiǔ féng zhī jǐ qiān bēi shǎo ma.

金成功　张总这么说，那我只有舍命陪❶君子了。
　　　　Zhāng zǒng zhème shuō, nà wǒ zhǐyǒu shěmìng péi jūnzǐ le.

상황2 술을 못 마실 상황일 때 　Track 88

张小五　金代理，你要什么酒？
　　　　Jīn dàilǐ, nǐ yào shénme jiǔ?

金成功　张总，今天我不能喝酒了。
　　　　Zhāng zǒng, jīntiān wǒ bù néng hē jiǔ le.

张小五　那也得喝点儿啊。
　　　　Nà yě děi hē diǎnr a.

金成功　我真的不行，我就以茶代酒❷吧。
　　　　Wǒ zhēnde bùxíng, wǒ jiù yǐ chá dài jiǔ ba.

张小五　好吧。我们也不勉强了。
　　　　Hǎo ba. Wǒmen yě bù miǎnqiǎng le.

| Dialogue

상황3 술자리에서 대화하기 Track 89

金成功 张总，我再敬你一杯。
Zhāng zǒng, wǒ zài jìng nǐ yì bēi.

张小五 金代理海量啊。
Jīn dàilǐ hǎiliàng a.

金成功 说实话❸，我平时不喝酒，今天是破例。
Shuō shíhuà, wǒ píngshí bù hē jiǔ, jīntiān shì pòlì.

张小五 没事儿，男子汉大丈夫多喝几杯也无所谓。
Méishìr, nánzǐhàn dàzhàngfu duō hē jǐ bēi yě wúsuǒwèi.

金成功 张总，我代表公司对张总的盛情招待表示❹感谢！
Zhāng zǒng, wǒ dàibiǎo gōngsī duì Zhāng zǒng de shèngqíng zhāodài biǎoshì gǎnxiè!

张小五 哎呀，你也太客气了。我希望我们的合作圆满成功。
Āiyā, nǐ yě tài kèqi le. Wǒ xīwàng wǒmen de hézuò yuánmǎn chénggōng.

金成功 来，为了我们的合作成功，干杯！
Lái, wèile wǒmen de hézuò chénggōng, gānbēi!

张小五 干杯！
Gānbēi!

Tip

+ 중국 10대 명주

① 茅台酒 máotáijiǔ   ② 五粮液 wǔliángyè
③ 剑南春 jiànnánchūn   ④ 西凤酒 xīfèngjiǔ
⑤ 洋河大曲 yánghédàqū   ⑥ 泸州老窖 lúzhōulǎojiào
⑦ 山西汾酒 shānxīfénjiǔ ⑧ 赤水郎酒 chìshuǐlángjiǔ
⑨ 古井贡酒 gǔjǐnggòngjiǔ ⑩ 贵州董酒 guìzhōudǒngjiǔ

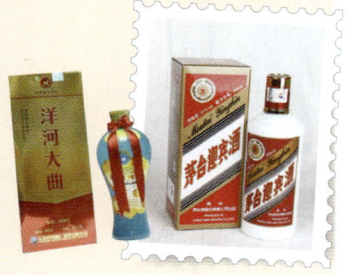

맛있는 어법

1 张总这么说，那我只有舍命陪君子了。

동사 陪는 상대방이 어떤 일을 하러갈 때, '동반하다'라는 의미를 나타냅니다. 주로 아랫사람이 윗사람을 모시고 어떤 일을 수행하는 경우에 쓰입니다.

李总让我陪客户参观工厂。 이 사장님이 저더러 바이어를 모시고 공장을 견학하라고 하시네요.
Lǐ zǒng ràng wǒ péi kèhù cānguān gōngchǎng.

我陪您去逛街。 쇼핑하러 가시는데 제가 모시고 갈게요.
Wǒ péi nín qù guàngjiē.

2 我真的不行，我就以茶代酒吧。

以茶代酒는 '차로 술을 대신하다'라는 뜻으로, 회식 자리에서 술을 못 마시거나 술을 마시면 안 되는 상황에서 쓰는 표현입니다.

你不能喝酒，可以以茶代酒。 술을 못 드시면, 차로 술을 대신하셔도 됩니다.
Nǐ bù néng hē jiǔ, kěyǐ yǐ chá dài jiǔ.

今天我就以茶代酒，敬大家一杯！ 오늘 저는 차로 술을 대신하겠습니다. 모두 한 잔 하시지요!
Jīntiān wǒ jiù yǐ chá dài jiǔ, jìng dàjiā yì bēi!

3 说实话，我平时不喝酒，今天是破例。

说实话는 '솔직히 말해서'라는 뜻으로 속에 숨기는 것 없이 진심을 털어놓는 것을 표현하는 관용어입니다. 비슷한 표현으로는 说真的, 不骗(piàn)你, 不瞒(mán)你说 등이 있습니다.

说实话，我那天早上八点就到公司了。
Shuō shíhuà, wǒ nàtiān zǎoshang bā diǎn jiù dào gōngsī le.
솔직하게 말해서, 전 그날 아침 8시에 회사에 도착했었어요.

说实话，我决定三年内不跳槽。
Shuō shíhuà, wǒ juédìng sān nián nèi bú tiàocáo.
솔직히 말해서, 전 3년 동안은 이직하지 않기로 결정했어요.

new 决定 juédìng 동 결정하다 | 跳槽 tiàocáo 동 이직하다

| Grammar

❹ 我代表公司对张总的盛情招待表示感谢!

'对……表示'는 '~에게 ~를 나타내다'라는 뜻으로 언어나 행동에 화자의 기분이나 감정, 태도를 담아 표시하는 것을 말합니다. 表示 뒤에 목적어로 명사나 2음절 동사를 동반할 수 있습니다.

我们对贵公司的关心和支持表示感谢。 저희는 귀사의 관심과 지지에 감사드립니다.
Wǒmen duì guì gōngsī de guānxīn hé zhīchí biǎoshì gǎnxiè.

我们对谈判破裂表示遗憾。 우리는 협상이 결렬된 것에 유감을 표하는 바입니다.
Wǒmen duì tánpàn pòliè biǎoshì yíhàn.

🆕 谈判 tánpàn 동 협상하다, 회담하다 | 破裂 pòliè 동 결렬되다 | 遗憾 yíhàn 동 유감이다

✚ 달라도 너무 달라! 중국인과의 술자리

중국인과 처음 술을 마실 때는 어느 정도 마음의 준비를 하는 것이 좋다. 왜냐하면 중국의 주도와 우리의 주도가 많이 다르기 때문이다. 우선, 중국인은 술을 따라줄 때 두 손으로 따라주지 않으며, 연장자한테도 한 손으로 따른다. 또한 빈 잔을 보고도 그냥 자기 잔만 채운다. 왜냐고? 그들의 주도는 '자기 술잔은 스스로 알아서'이니까. 그리고 중국인들은 술잔을 돌리지 않는다. 그러니 첫 술자리에서 잘해 보자는 의미로 "제 술잔 받으시지요~"라고 말하는 건 실례다. 그렇다면 중국에는 아예 주도가 없는 거냐고? 그렇지는 않다. 중국의 주도에서 가장 중요한 것은 술자리를 시작하면서 첫 세 잔을 건배하는 것이다. 첫 세 잔을 건배한 후에는 자신의 주량에 따라 편하게 마시면 된다. 마주보고 앉은 상대와 건배를 할 때 거리가 멀다 싶으면 굳이 일어나 잔을 부딪치지 않고, 술잔으로 탁자를 한 번 '탁~' 치면 건배의 뜻이 된다.

맛있는 대화 연습

| Practice of Conversation

Track 90

1
- A 张总，今天我不能喝酒了。
- B 那也得 **喝点儿** 啊。
  意思意思
  给面子

new
- 意思意思 yìsi yìsi 성의를 보이다
- 给面子 gěi miànzi 체면을 살리다

 그래도 건배는 하셔야죠.

2
- A 我真的不行，我就以茶代酒吧。
- B 好吧。**我们也不勉强了**。
  你就随意吧
  下次得喝一口啊

new
- 随意 suíyì 생각대로 하다, 원하는 대로 하다

 그래요. 마시지 마세요.

3
- A 我平时 **不喝酒**, 今天是破例。
  很少打高尔夫球
  不打麻将
- B 是吗? 太谢谢你了。

new
- 打麻将 dǎ májiàng 마작을 하다

 제가 평소에는 고량주를 안 마시는데, 오늘은 예외입니다.

*白酒 báijiǔ 고량주

연습 문제

1 녹음을 잘 듣고 질문에 알맞은 답을 고르세요. Track 91

❶
 ⓐ 酒
 ⓑ 茶
 ⓒ 饮料

❷
 ⓐ 让男的继续喝
 ⓑ 不让男的喝
 ⓒ 自己不想喝

2 다음 대화를 완성하세요.

❶ A 张总，제가 한 잔 더 따라 드리겠습니다.
　 B 金代理海量啊。
　 ➡ _____

❷ A 我平时不喝酒，오늘은 예외입니다.
　 B 男子汉大丈夫多喝几杯也无所谓。
　 ➡ _____

❸ A 我希望我们的合作圆满成功。
　 B 为了 우리의 거래가 성사되다, 干杯!
　 ➡ _____

| Exercise

3 빈칸에 들어갈 알맞은 단어를 고르세요.

> 只有　　得　　很　　还是　　太

① 张总，我喝_____差不多了。

② 张总这么说，那我_____舍命陪君子了。

③ 我真的不行，我_____喝茶吧。

④ 哎呀，你也_____客气了。

4 제시된 표현을 사용하여 다음을 중국어로 써 보세요.

① 내일 제가 바이어를 모시고 공장 견학을 갑니다. (陪)

　➡ _____

② 당신이 술이 안 당기면, 차로 술을 대신해도 돼요. (以茶代酒)

　➡ _____

③ 솔직히, 전 이직하고 싶지 않아요. (说实话)

　➡ _____

④ 저희는 귀사의 관심과 도움에 감사드립니다. (对……表示)

　➡ _____

14과

没有发票，一律不能退货。
Méiyǒu fāpiào, yílǜ bù néng tuìhuò.
영수증 없이는 다 환불이 안 됩니다.

쇼핑

- **상황1** 제품을 문의할 때
- **상황2** 영수증이 있을 때 환불 받기
- **상황3** 영수증 없이 환불하려고 할 때

— 这我不太清楚 | 没法 | 부사 一律 | 实在의 용법

오늘은 상하이 쇼핑가를 둘러보는 날.
대형 백화점에 가 보니 마치 땅이 넓은 것을 자랑이라도 하듯 넓직넓직 하다.
그런데, 앗! 자체 매장에서 계산을 안 해 주고
별도의 계산대(收银台)에 가서 하고 오란다.
아니, 이런~ 손님을 오라 가라 하다니~~

Track 92

핵심구문 ❶

请问一下，这个商店里有没有旗袍专卖店？
말씀 좀 물을게요, 이 상점에 치파오 전문점이 있나요?

핵심구문 ❷

这是我昨天刚买的，可我想退货。
이거 어제 산 건데요, 환불을 받았으면 해서요.

핵심구문 ❸

如果您没带发票，我们没法给您退货。
영수증을 안 가져오시면, 환불해 드릴 수가 없습니다.

쇼핑

Biz 맛있는 단어 Track 93

- 旗袍 qípáo 명 치파오
  中山服 zhōngshānfú 인민복, 중산복
- 专卖店 zhuānmàidiàn 명 전문점
- 退货 tuìhuò 동 이합 환불하다
  免费退货 miǎnfèi tuìhuò 무료 반품 | 交换 jiāohuàn 교환하다
- 收银台 shōuyíntái 명 카운터, 계산대
- 丢 diū 동 잃다, 분실하다
  丢脸 diūliǎn 체면을 잃다 |
  丢三落四 diū sān là sì 이것저것 잘 빠뜨리다, 잘 잊어버리다
- 没法 méi fǎ ~할 방법이 없다
  没法吃 méi fǎ chī 먹을 수가 없다 |
  没法看 méi fǎ kàn 볼 수가 없다 |
  没法说 méi fǎ shuō 말할 수가 없다
- 规定 guīdìng 명 규정 동 규정하다
- 一律 yílǜ 부 일률적으로, 다
- 实在 shízài 부 정말로 형 진실하다
- 抱歉 bàoqiàn 동 죄송하다
  道歉 dàoqiàn 사과하다

14과 没有发票，一律不能退货。• 145

맛있는 회화

상황1 제품을 문의할 때 (Track 94)

金成功 小姐，请问一下，这个商店里有没有旗袍专卖店?
Xiǎojiě, qǐngwèn yíxià, zhège shāngdiàn li yǒu méiyǒu qípáo zhuānmàidiàn?

售货员 您去五楼看看，那里有旗袍专卖店。
Nín qù wǔ lóu kànkan, nàlǐ yǒu qípáo zhuānmàidiàn.

金成功 那里也有小孩儿穿的吧?
Nàlǐ yě yǒu xiǎoháir chuān de ba?

售货员 这我不太清楚❶。您还是上去看看吧。
Zhè wǒ bú tài qīngchu. Nín háishi shàngqu kànkan ba.

상황2 영수증이 있을 때 환불 받기 (Track 95)

金成功 小姐，这是我昨天刚买的，可我想退货。
Xiǎojiě, zhè shì wǒ zuótiān gāng mǎi de, kě wǒ xiǎng tuìhuò.

售货员 先生，您带发票了吗?
Xiānsheng, nín dài fāpiào le ma?

金成功 带了，给你。
Dài le, gěi nǐ.

售货员 可以了，先生，您去收银台退货吧。
Kěyǐ le, xiānsheng, nín qù shōuyíntái tuìhuò ba.

金成功 谢谢，小姐!
Xièxie, xiǎojiě!

| Dialogue

상황3 영수증 없이 환불하려고 할 때 Track 96

金成功 小姐，你好，这个可以退货吗？
Xiǎojiě, nǐ hǎo, zhège kěyǐ tuìhuò ma?

售货员 您的发票呢？
Nín de fāpiào ne?

金成功 我把它丢了。
Wǒ bǎ tā diū le.

售货员 先生，如果您没带发票，我们没法❷给您退货。
Xiānsheng, rúguǒ nín méi dài fāpiào, wǒmen méi fǎ gěi nín tuìhuò.

金成功 可是小姐，这是我今天上午刚买的呀。
Kěshì xiǎojiě, zhè shì wǒ jīntiān shàngwǔ gāng mǎi de ya.

售货员 对不起，先生，我们商店规定，没有发票，
Duìbuqǐ, xiānsheng, wǒmen shāngdiàn guīdìng, méiyǒu fāpiào,

一律❸不能退货。
yílǜ bù néng tuìhuò.

金成功 小姐，帮个忙吧。
Xiǎojiě, bāng ge máng ba.

售货员 先生，实在❹抱歉！
Xiānsheng, shízài bàoqiàn!

TIP ✚ 쇼핑 관련 단어

- 牌子 páizi 상표, 브랜드
- 名牌 míngpái 명품
- 不二价 bú'èrjià 정찰제
- 积分卡 jīfēnkǎ 적립 카드
- 清仓大甩卖 qīngcāng dàshuǎimài 창고 정리 대 바겐세일
- 赠品 zèngpǐn 사은품
- 假货 jiǎhuò 가짜 상품
- 纪念品 jìniànpǐn 기념품
- 购物中心 gòuwù zhōngxīn 대형 쇼핑 센터

맛있는 어법

❶ 这我不太清楚。您还是上去看看吧。

'这我不太清楚'는 어떤 일에 대해 확실히 모르거나 확신할 수 없을 때 쓰는 표현입니다.

这我不太清楚, 你去问问小金, 好吗? 이건 저도 잘 모르겠으니, 김 군한테 물어보실래요?
Zhè wǒ bú tài qīngchu, nǐ qù wènwen Xiǎo Jīn, hǎo ma?

这我不太清楚, 我也是外行。 그건 저도 잘 모르겠는걸요, 저도 문외한이에요.
Zhè wǒ bú tài qīngchu, wǒ yě shì wàiháng.

참고 확실히 모를 때는 '这我不知道'라고 하면 됩니다.

❷ 先生, 如果您没带发票, 我们没法给您退货。

没法는 '~할 방법이 없다'라는 뜻으로 어떤 행동이나 동작을 할 수 있는 아무런 방법이나 방도가 없음을 나타냅니다. 无法와 바꿔 쓸 수 있습니다.

她太死板了, 我没法跟她沟通。
Tā tài sǐbǎn le, wǒ méi fǎ gēn tā gōutōng.
그녀는 너무 고지식해서, 난 도무지 그녀와 얘기할 수가 없어요.

钱包被偷走了, 我没法买礼物了。 지갑을 도둑맞아서, 난 선물을 살 방법이 없어요.
Qiánbāo bèi tōuzǒu le, wǒ méi fǎ mǎi lǐwù le.

new 死板 sǐbǎn 〔형〕 고지식하다

❸ 一律不能退货。

부사 一律는 '하나도 예외 없이 다 똑같이'라는 뜻을 나타냅니다. 비슷한 표현으로는 一概(yígài)가 있습니다.

没有票的, 一律不能进去。 표가 없으면, 모두 들어가실 수 없습니다.
Méiyǒu piào de, yílǜ bù néng jìnqu.

| Grammar

售出商品质量有问题，一律退货。판매된 상품에서 품질에 문제가 있으면, 다 환불해 드립니다.
Shòuchū shāngpǐn zhìliàng yǒu wèntí, yílǜ tuìhuò.

new 售出 shòuchū 동 매출하다, 팔다

4 先生，实在抱歉！

实在는 부사로 쓰이면 '실제로, 정말로'라는 뜻을 나타내고, 형용사로 쓰이면 '진실하고 거짓이 없다'라는 뜻을 나타냅니다.

부사 我实在是不知道。전 정말로 몰라요.
Wǒ shízài shì bù zhīdào.

형용사 我看，金代理是实在人。제가 보기에 김 대리는 진실한 사람 같아요.
Wǒ kàn, Jīn dàilǐ shì shízài rén.

+ 중국의 아름다움이 담긴 치파오(旗袍) 구입하기!

치파오는 중국의 대표적인 전통 의상으로 중국 여성의 가녀린 체형을 더욱 돋보이게 한다. 우리의 한복과 같이 특별한 날이 아니면 입지 않지만, 고급 식당이나 백화점 매장 등에서는 종업원들이 치파오를 입고 근무하는 모습을 볼 수 있다. 또한 결혼하는 신부가 빨간색 치파오를 신부복으로 입기도 한다. 최근 들어서는 평소에도 부담없이 입을 수 있게 재킷이나 블라우스와 같은 스타일로 제작되어 판매되고 있다. 치파오는 중국적인 특성을 지닌 멋진 옷이기 때문에 선물용이나 소장용으로 한 벌 구입하는 것도 좋을 듯하다. 단, 매장마다 품질과 가격이 천차만별이니, 꼼꼼히 살펴보고 구입하도록 하자!

맛있는 대화 연습

| Practice of Conversation

Track 97

1
A 请问一下，这个商店里有没有 旗袍专卖店 ?
   北京特产
   珠宝店

- 特产 tèchǎn 특산품
- 珠宝店 zhūbǎodiàn 보석 가게

B 您去五楼看看。

도전!! 맛있는 문장 훈련
말씀 좀 물을게요. 이 상점에 수입 식품이 있나요?
_____

*食品 shípǐn 식품

2
A 小姐，你好， 这个 可以退货吗?
   这条裤子
   这双鞋

- 双 shuāng 쌍, 매, 켤레

B 先生，您带发票了吗?

도전!! 맛있는 문장 훈련
아가씨, 안녕하세요. 이 옷 환불 받을 수 있나요?
_____

3
A 如果您没带发票，我们没法给您退货。

B 可是小姐，这是我 今天上午刚 买的呀。
   三天前
   刚才

도전!! 맛있는 문장 훈련
그런데요 아가씨, 이거 어제 샀거든요.
_____

연습 문제

1 녹음을 잘 듣고 질문에 알맞은 답을 고르세요. Track 98

①
- ⓐ 今天
- ⓑ 昨天
- ⓒ 前天

②
- ⓐ 能退货
- ⓑ 不知道
- ⓒ 不能退货

2 다음 대화를 완성하세요.

① A 那里也 아이가 입을 만한 것이 있겠죠?
B 这我不太清楚。

➡ _____

② A 先生, 영수증을 가져오셨나요?
B 我把它丢了。

➡ _____

③ A 小姐, 도와주세요.
B 对不起, 我也没办法。

➡ _____

14과 没有发票, 一律不能退货。• 151

3 빈칸에 들어갈 알맞은 단어를 고르세요.

可是　　能　　还　　如果　　还是

❶ 您_____上去看看吧。

❷ 抱歉!_____您没带发票，我们也没办法。

❸ _____小姐，这是我今天上午刚买的呀。

❹ 我们商店规定，没有发票，不_____退货。

4 제시된 표현을 사용하여 다음을 중국어로 써 보세요.

❶ 이건 저도 잘 모르겠어요, 다른 분한테 물어보세요. (这我不太清楚)

➡ _____

❷ 그는 문외한이라, 전 그와 소통할 수 없어요. (没法)

➡ _____

❸ 만약에 품질이 안 좋으면, 모두 반품하세요. (一律)

➡ _____

❹ 당신이 우리 회사에 올 수 있다니, 정말 너무 잘됐어요. (实在)

➡ _____

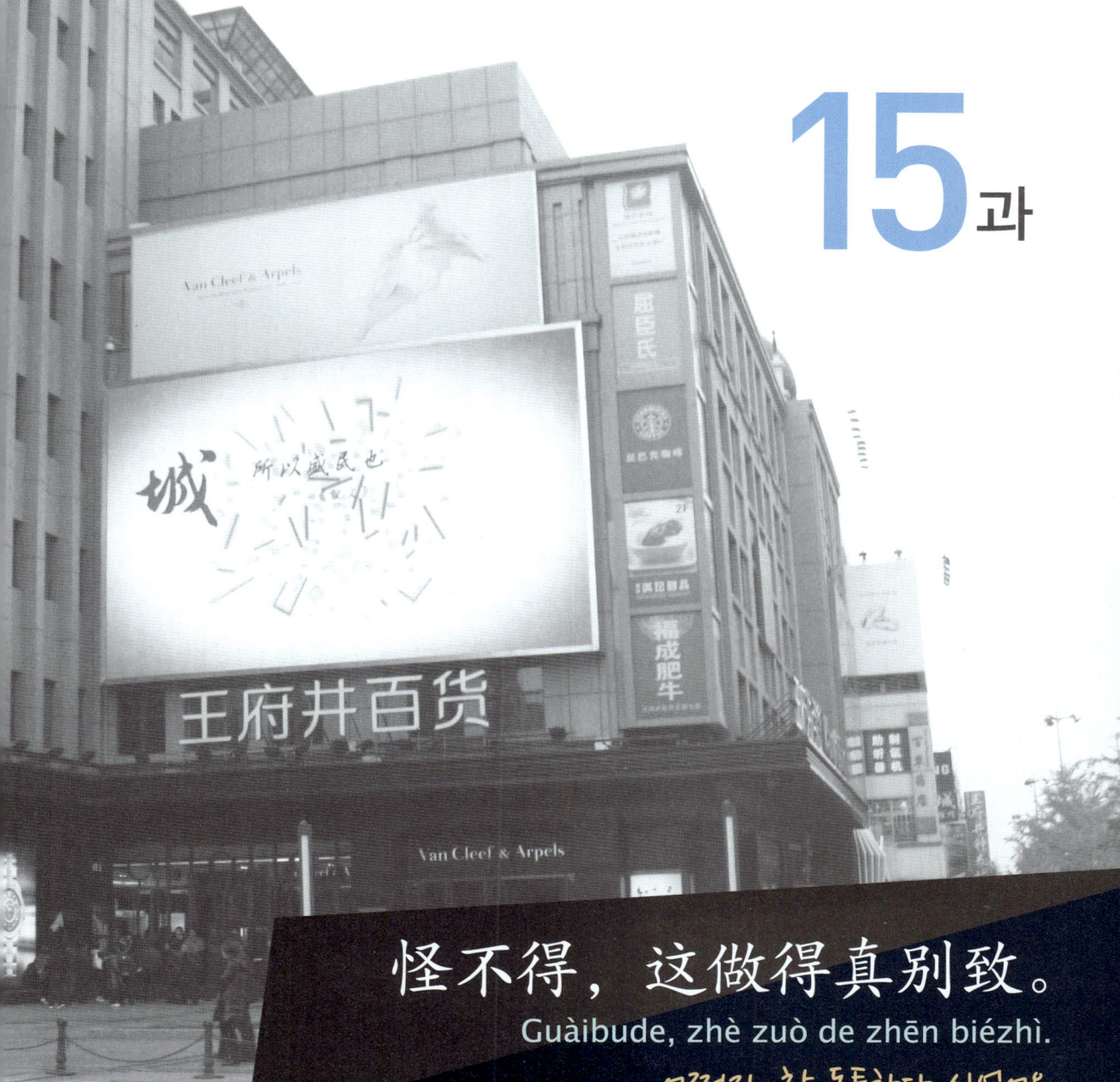

15과

怪不得，这做得真别致。
Guàibude, zhè zuò de zhēn biézhì.
어쩐지, 참 독특하다 싶었어요

쇼핑

- 상황1 사이즈 교환하기
- 상황2 다른 디자인으로 교환하기
- 상황3 선물 고르기

- 이중부정 不……不…… | 像……一样 | 怪不得
- 各의 용법

솔직히 출장길에 가장 고민되는 것이
선물을 사는 일이다.
사자니 한두 사람 것만 살 수도 없는 노릇이고,
안 사자니 여기저기서 곱지 않은 시선을 받을 것 같고.
여러분~ 차라리 제가 술을 한 잔 사면 어떨까요??

Track 99

핵심구문 ❶

这件有点儿大，可以换小点儿的吗?
이 옷이 약간 큰데요, 좀 작은 것으로 바꿀 수 있을까요?

핵심구문 ❷

这件不大也不小，正合适。
이 옷은 크지도 작지도 않고 딱 맞아요.

핵심구문 ❸

您帮我推荐一下吧。
추천 좀 해 주세요.

쇼핑

Biz 맛있는 단어 Track 100

不……不……	bù……bù……	~하지 않을 수 없다. ~하지도 않고 ~하지도 않다
领带	lǐngdài	명 넥타이
花	huā	형 알록달록하다
像……一样	xiàng……yíyàng	~처럼 ~하다
时尚	shíshàng	명 시대적 유행, 시류
杂志	zázhì	명 잡지

报纸 bàozhǐ 신문

封面	fēngmiàn	명 표지
模特儿	mótèr	명 모델
推荐	tuījiàn	동 추천하다
名片夹	míngpiànjiā	명 명함 케이스
花纹	huāwén	명 무늬와 도안
手工	shǒugōng	명 수공
少数民族	shǎoshù mínzú	명 소수 민족
怪不得	guàibude	부 어쩐지
别致	biézhì	형 독특하다, 특이하다
风格	fēnggé	명 스타일, 태도, 풍격
钥匙圈	yàoshiquān	명 열쇠고리
各	gè	대 각, 여러 부 각각, 저마다

15과 怪不得，这做得真别致。• 155

Biz 맛있는 회화

상황1 사이즈 교환하기 　Track 101

金成功 小姐，这件有点儿大，可以换小点儿的吗?
Xiǎojiě, zhè jiàn yǒudiǎnr dà, kěyǐ huàn xiǎo diǎnr de ma?

售货员 可以。先生，这儿有小一号的。
Kěyǐ. Xiānsheng, zhèr yǒu xiǎo yí hào de.

金成功 我能不能再试一次?
Wǒ néng bu néng zài shì yí cì?

售货员 可以。更衣室在那儿。
Kěyǐ. Gēngyīshì zài nàr.

金成功 小姐，这件不大也不❶小，正合适。
Xiǎojiě, zhè jiàn bú dà yě bù xiǎo, zhèng héshì.

상황2 다른 디자인으로 교환하기 　Track 102

金成功 小姐，这条领带颜色太花了，我想换条别的。
Xiǎojiě, zhè tiáo lǐngdài yánsè tài huā le, wǒ xiǎng huàn tiáo biéde.

售货员 您看看换哪一条?
Nín kànkan huàn nǎ yì tiáo?

金成功 这条怎么样? 适合我吗?
Zhè tiáo zěnmeyàng? Shìhé wǒ ma?

售货员 先生，您系上它就像时尚杂志的封面模特儿一样❷帅。
Xiānsheng, nín jìshàng tā jiù xiàng shíshàng zázhì de fēngmiàn mótèr yíyàng shuài.

| Dialogue

상황3 선물 고르기 Track 103

金成功: 小姐，我想给韩国朋友买礼物，您帮我推荐一下吧。
Xiǎojiě, wǒ xiǎng gěi Hánguó péngyou mǎi lǐwù, nín bāng wǒ tuījiàn yíxià ba.

售货员: 先生，这样的名片夹，怎么样?
Xiānsheng, zhèyàng de míngpiànjiā, zěnmeyàng?

金成功: 这上面的花纹是手工的吧?
Zhè shàngmiàn de huāwén shì shǒugōng de ba?

售货员: 对，这都是中国南方的少数民族手工做的。
Duì, zhè dōu shì Zhōngguó nánfāng de shǎoshù mínzú shǒugōng zuò de.

金成功: 怪不得❸，这做得真别致。
Guàibude, zhè zuò de zhēn biézhì.

售货员: 先生，这些带有中国风格的钥匙圈也很好。
Xiānsheng, zhèxiē dài yǒu Zhōngguó fēnggé de yàoshiquān yě hěn hǎo.

金成功: 对，那也不错。你就各❹给我十个吧。
Duì, nà yě búcuò. Nǐ jiù gè gěi wǒ shí ge ba.

售货员: 好的。先生，您先去付款吧。
Hǎo de. Xiānsheng, nín xiān qù fùkuǎn ba.

Tip

+ 선물하기 좋은 아이템

- 茶 chá 차
- 项链 xiàngliàn 목걸이
- 香水 xiāngshuǐ 향수
- 围巾 wéijīn 스카프
- 钢笔 gāngbǐ 만년필
- 扇子 shànzi 부채
- 茶杯 chábēi 찻잔
- 戒指 jièzhi 반지
- 口红 kǒuhóng 립스틱
- 手提包 shǒutíbāo 핸드백
- 儿童玩具 értóng wánjù 어린이용 장난감
- 翡翠装饰品 fěicuì zhuāngshìpǐn 비취 장식품

맛있는 어법

1 小姐，这件**不**大也**不**小，正合适。

이중부정 형식인 '不……不……'에서, 不 뒤에 형용사가 동반되면 '~하지도 않고, ~하지도 않다'의 뜻을 나타내고, 不 뒤에 동사가 동반되면 '~하지 않을 수 없다'라는 뜻을 나타냅니다.

> [동작] 他请我过来，我也**不**能**不**来。그가 나를 초대한 거라, 제가 안 올 수가 없었다니까요.
> Tā qǐng wǒ guòlai, wǒ yě bù néng bù lái.
>
> [상태] 这条裤子**不**长**不**短，正好。이 바지는 길지도 짧지도 않은 게 딱 좋군요.
> Zhè tiáo kùzi bù cháng bù duǎn, zhènghǎo.

new 正好 zhènghǎo 형 딱 맞다, 꼭 맞다

2 您系上它就**像**时尚杂志的封面模特儿**一样**帅。

'像……一样'은 '~처럼 ~하다'라는 뜻의 비교문으로 像 뒤에 동반되는 대상이 비교의 기준이 됩니다. 부정형은 '不像……一样(~처럼 ~하지 않다)'입니다.

> 他**像**工作狂**一样**，拼命工作。그는 일벌레처럼 죽어라 일해요.
> Tā xiàng gōngzuòkuáng yíyàng, pīnmìng gōngzuò.
>
> 她**不像**你这样聪明，可是很努力。그녀는 당신처럼 똑똑하진 않지만 노력한다고요.
> Tā bú xiàng nǐ zhèyàng cōngming, kěshì hěn nǔlì.

new 工作狂 gōngzuòkuáng 명 일벌레 | 拼命 pīnmìng 동 온 힘을 다하다

3 **怪不得**，这做得真别致。

怪不得는 '어쩐지'라는 뜻으로 원인을 알게 되어 어떤 상황에 대해 이해할 수 있게 되었음을 나타내는 관용어입니다. 일의 원인은 怪不得 앞뒤에 놓일 수 있습니다.

> **怪不得**，他的汉语那么好，他妈妈是中国人。
> Guàibude, tā de Hànyǔ nàme hǎo, tā māma shì Zhōngguórén.
> 어쩐지, 그가 중국어를 잘한다 했더니, 그의 어머니가 중국인이더군요.

| Grammar

菜里盐放多了，怪不得这么咸。 음식에 소금을 많이 넣었군요. 어쩐지 짜더라니까요.
Cài li yán fàngduō le, guàibude zhème xián.

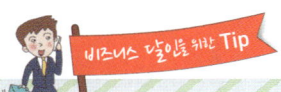 咸 xián 형 짜다

4 你就各给我十个吧。

各가 명사나 양사 앞에서 대명사로 쓰일 때는 어떤 범위 안에 포함된 모든 것을 나타내고, 부사로 쓰일 때는 '각각, 별도'라는 뜻을 나타냅니다.

대명사 各单位要严格遵守禁酒令。 각 회사는 금주령을 엄격히 준수해야 합니다.
Gè dānwèi yào yángé zūnshǒu jìnjiǔlìng.

부사 这些商品我们各买三个。 이 상품들을 우리는 각각 3개씩 살 거예요.
Zhèxiē shāngpǐn wǒmen gè mǎi sān ge.

严格 yángé 형 엄격하다 | 遵守 zūnshǒu 동 준수하다
禁酒令 jìnjiǔlìng 명 금주령

✚ 중국에서 내 신발 사이즈는?

우리나라에서는 신발을 살 때 "230 주세요"라고 말하지만 중국은 우리와 다르게 유럽식 호수로 말한다. 잘 모를 경우에는 다음과 같이 계산해 보면 된다.

- 230(자신의 신발 사이즈)÷10×2-10=36호
- 230(자신의 신발 사이즈)-50÷5=36호

☐ 다음은 중국과 한국의 신발 사이즈 표이다. 쇼핑할 때 참고하자!

중국	34	35	36	37	38	39	40	41	42	43	44
한국	220	225	230	235	240	245	250	255	260	265	270

Biz 맛있는 대화 연습

| Practice of Conversation

Track 104

1
- A 您看看换哪一 条|辆|件 ?
- B 这 条 怎么样?
  - 辆(自行车)
  - 件(衣服)

도전!! 맛있는 문장 훈련
이 셔츠 어때요?

2
- A 我想给 韩国朋友 买礼物，您帮我推荐一下吧。
  - 客户
  - 上司

  new
  · 上司 shàngsi 상사

- B 先生，这样的名片夹，怎么样?

도전!! 맛있는 문장 훈련
제가 외국 친구에게 선물을 하려고 하는데, 추천 좀 해 주세요.

3
- A 这上面的花纹是手工的吧?
- B 这都是 中国南方的少数民族 手工做的。
  - 苗族
  - 工匠

  new
  · 苗族 Miáozú 묘족(중국 소수 민족의 하나)
  · 工匠 gōngjiàng 장인

도전!! 맛있는 문장 훈련
이건 다 목수가 수공으로 제작한 것이에요.

*木匠 mùjiang 목수

연습 문제

1 녹음을 잘 듣고 질문에 알맞은 답을 고르세요. Track 105

❶
- ⓐ 钥匙
- ⓑ 锁
- ⓒ 钥匙圈

❷
- ⓐ 不好看
- ⓑ 颜色太花了
- ⓒ 过时了

2 다음 대화를 완성하세요.

❶ A 这件有点儿大，<u>좀 작은 것으로 바꿀 수 있을까요?</u>
B 可以可以。

➡ _____

❷ A 这条领带不太好看，<u>전 다른 것으로 바꾸고 싶어요.</u>
B 您看看换哪一条?

➡ _____

❸ A 我想给韩国朋友送礼物，<u>저한테 추천 좀 해 주세요.</u>
B 我觉得这样的名片夹和钥匙圈好。

➡ _____

| Exercise

3 빈칸에 들어갈 알맞은 단어를 고르세요.

| 在　　次　　遍　　有　　的 |

❶ 先生，更衣室_____那儿。

❷ 小姐，我能不能再试一_____？

❸ 这上面的花纹是手工_____吧？

❹ 这些带_____中国风格的钥匙圈也很好。

4 제시된 표현을 사용하여 다음을 중국어로 써 보세요.

❶ 이 치마는 길지도 않고 짧지도 않고 딱 좋네요. (不……不……)

➡ _____

❷ 그녀의 눈은 달처럼 그렇게 예뻐요. (像……一样)

➡ _____

❸ 어쩐지, 그 친구 중국어를 너무 잘한다 했더니, 중국에서 10년 있었대요. (怪不得)

➡ _____

❹ 이 상품들을 우리는 각각 5개씩 살게요. (各)

➡ _____

16과

我就在这儿告辞了。
Wǒ jiù zài zhèr gàocí le.
전 여기서 이만 인사를 드리겠습니다.

 귀국

- 상황1 OPEN 티켓 예약하기
- 상황2 티켓 예약 재확인하기
- 상황3 배웅할 때

― 동사 往返 | 替의 용법 | 전치사 向 | 一路平安

갑자기 나의 문학적 감성이 살아나
李白(이백)의 '送友人(친구를 보내며)'이 생각난다.
다시 못 만날 것도 아닌데, 헤어지기가 못내 아쉽다.
며칠이지만 정이 많이 들었나 보다.
조만간 다시 만날 것을 기약하며 장 사장님과 인사를 나눈다.

Track 106

핵심구문 ❶
我想再确认一下机票。
저는 항공권을 재확인하고 싶습니다.

핵심구문 ❷
这几天您也受累了，我再次感谢您。
요 며칠 고생 많으셨습니다. 다시 한번 감사드립니다.

핵심구문 ❸
你回去替我向李总问好。
돌아가거든 저 대신에 이 사장님께 안부 전해 주세요.

Biz 맛있는 단어 Track 107

- 往返 wǎngfǎn 동 왕복하다
  单程 dānchéng 편도 | 单程票 dānchéngpiào 편도표

- 回程 huíchéng 명 되돌아가는 길

- 日期 rìqī 명 날짜, 기간, 기일

- 再确认 zài quèrèn 재확인하다

- 办法 bànfǎ 명 방법
  没办法 méi bànfǎ 방법이 없다, 어쩔 수 없다

- 呆 dāi 동 머무르다

- 旅游景点 lǚyóu jǐngdiǎn 명 관광지, 관광 명소

- 受累 shòulèi 동 이합 고생하다, 수고하다
  受苦 shòukǔ 고생하다, 고통받다 | 受罪 shòuzuì 고생하다, 시달리다

- 再次 zàicì 부 재차, 거듭

- 替 tì 동 ~를 대신하다 전 ~를 위해, ~때문에

- 向 xiàng 전 ~를 향해서, ~쪽으로

- 问好 wènhǎo 동 이합 안부를 묻다, 문안을 드리다

- 告辞 gàocí 동 이별을 고하다, 헤어지다
  我先告辞了。 Wǒ xiān gàocí le. 먼저 가보겠습니다.

- 一路平安 yí lù píng ān 성 가시는 길이 평안하시길 빕니다

- 保重 bǎozhòng 동 건강에 주의하다, 몸조심하다

맛있는 회화

상황1 OPEN 티켓 예약하기 Track 108

金成功 小姐，你好！我在韩国买了往返❶机票，回程是OPEN的。
Xiǎojiě, nǐ hǎo! Wǒ zài Hánguó mǎi le wǎngfǎn jīpiào, huíchéng shì OPEN de.

我想确认一下回去的日期。
Wǒ xiǎng quèrèn yíxià huíqù de rìqī.

值机员 好的，先生，您哪天回去？
Hǎo de, xiānsheng, nín nǎ tiān huíqù?

金成功 23号晚上，那天有座位吗？
Èrshísān hào wǎnshang, nà tiān yǒu zuòwèi ma?

值机员 有的。先生，那我现在就给您预订。
Yǒu de. Xiānsheng, nà wǒ xiànzài jiù gěi nín yùdìng.

상황2 티켓 예약 재확인하기 Track 109

金成功 小姐，我想再确认一下机票。
Xiǎojiě, wǒ xiǎng zài quèrèn yíxià jīpiào.

值机员 请告诉我您的英文名，好吗？
Qǐng gàosu wǒ nín de Yīngwénmíng, hǎo ma?

金成功 我的英文名是KIM SUNG GONG。
Wǒ de Yīngwénmíng shì KIM SUNG GONG.

值机员 先生，您的机票是9月23号
Xiānsheng, nín de jīpiào shì jiǔ yuè èrshísān hào

MU5051航班已经确认过了。
MU wǔ líng wǔ yāo hángbān yǐjing quèrènguo le.

| Dialogue

상황3 배웅할 때 Track 110

张小五: 你这次来的时间太短了。
Nǐ zhècì lái de shíjiān tài duǎn le.

金成功: 工作忙，我也没办法。
Gōngzuò máng, wǒ yě méi bànfǎ.

张小五: 下次多呆几天，我陪你去看看旅游景点。
Xiàcì duō dāi jǐ tiān, wǒ péi nǐ qù kànkan lǚyóu jǐngdiǎn.

金成功: 真的? 张总，这几天您也受累了，我再次感谢您。
Zhēnde? Zhāng zǒng, zhè jǐ tiān nín yě shòu lèi le, wǒ zàicì gǎnxiè nín.

张小五: 你这什么话呀。你回去替❷我向❸李总问好。
Nǐ zhè shéme huà ya. Nǐ huíqu tì wǒ xiàng Lǐ zǒng wènhǎo.

金成功: 好的。张总，我就在这儿告辞了，下次在韩国见。
Hǎo de. Zhāng zǒng, wǒ jiù zài zhèr gàocí le, xiàcì zài Hánguó jiàn.

张小五: 好啊，一路平安!❹
Hǎo a, yí lù píng ān!

金成功: 谢谢! 张总，您也多保重!
Xièxie! Zhāng zǒng, nín yě duō bǎozhòng!

Tip ✚ 비행기 운항 정보 관련 단어

- 延误 yánwù 연착
- 航班号 hángbānhào 항공편 번호
- 始发站 shǐfāzhàn 시발역
- 航班状态 hángbān zhuàngtài 운항 상태
- 正在登机 zhèngzài dēngjī 비행기 탑승 중
- 结束登机 jiéshù dēngjī 탑승 완료

- 取消 qǔxiāo 취소
- 出发信息 chūfā xìnxī 출발 정보
- 计划时间 jìhuà shíjiān 예정 시간

맛있는 어법

① 我在韩国买了往返机票，回程是OPEN的。

往返은 '왕복하다'라는 뜻으로 교통이나 출장과 관련된 상황에서 주로 쓰이는 표현입니다. 편도는 单程(dānchéng)이라고 합니다.

这次不买往返票了，就买单程票。 이번에는 왕복표를 안 사려고요, 그냥 편도표만 살래요.
Zhècì bù mǎi wǎngfǎnpiào le, jiù mǎi dānchéngpiào.

去杭州，往返四百公里左右。 항저우에 가는 건, 왕복 400km 정도가 걸려요.
Qù Hángzhōu, wǎngfǎn sìbǎi gōnglǐ zuǒyòu.

_{new} 杭州 Hángzhōu [고유] 항저우

② 你回去替我向李总问好。

替가 동사로 쓰일 때는 '다른 사람을 대신하다'라는 뜻을 나타내고, 전치사로 쓰일 때는 '~를 위해, ~때문에'라는 뜻을 나타냅니다.

[동사] 你能不能替我跑一趟银行？ 당신이 저 대신에 은행에 한 번 다녀올 수 있겠어요?
Nǐ néng bu néng tì wǒ pǎo yí tàng yínháng?

[전치사] 不用替我担心，我这儿一切都很好。 제 걱정은 마세요, 저는 두루두루 편히 지내요.
Búyòng tì wǒ dānxīn, wǒ zhèr yíqiè dōu hěn hǎo.

_{new} 担心 dānxīn [동] 걱정하다

③ 你回去替我向李总问好。

전치사 向은 '~쪽으로'라는 뜻으로 동작이 향하는 방향과 동작의 대상을 나타냅니다. 동작이 향하는 방향을 나타낼 때는 전치사 往과 같으며, 동작의 대상을 나타낼 때는 전치사 对와 같습니다.

[방향] 从这儿向右拐，不远就到我们公司了。
Cóng zhèr xiàng yòu guǎi, bù yuǎn jiù dào wǒmen gōngsī le.
여기서 오른쪽으로 돌면, 얼마 안 가서 바로 저희 회사에 도착해요.

| Grammar

대상 今天我来向您告别。 오늘 저는 어르신께 작별 인사를 드리러 왔습니다.
Jīntiān wǒ lái xiàng nín gàobié.

new 拐 guǎi 동 방향을 바꾸다, 돌아가다 | 告别 gàobié 동 작별 인사를 하다

4 好啊, 一路平安!

먼 길을 떠나는 사람에게 하는 인사말로 여행 중에 사고 없이 무사히 목적지까지 도착하라는 뜻을 담고 있습니다. 비슷한 표현으로는 一路顺风(yí lù shùn fēng)이 있습니다.

祝你们一路平安! 여러분이 편안하게 돌아가시길 기원합니다.
Zhù nǐmen yí lù píng ān!

一路平安! 下次再会! 잘 돌아가시고요, 다음에 뵙겠습니다!
Yí lù píng ān! Xiàcì zàihuì!

 비즈니스 달인을 위한 Tip

+ 작별 인사도 센스 있게!

상대 회사와 거래를 성공적으로 마치고 귀국하는 날, 중국 직원들이 배웅을 나왔다면 어떤 작별 인사를 할 수 있을까? 중국인들은 여행을 떠나거나 먼 길을 떠나는 사람에게 무사히 도착하라는 의미로 一路平安이나 一路顺风과 같은 말을 한다. 또는 다시 만날 날을 기약하며 '后会有期'나 자주 연락하자는 의미로 '以后多联系'라고 말하기도 한다. 이에 상대방은 그동안 감사했다는 의미로 '我再次感谢您' 또는 '给您添麻烦了'라고 대답할 수 있다.

Biz 맛있는 대화 연습

| Practice of Conversation

Track 111

1
A 先生，您哪天回去?

B 23号晚上　，那天有座位吗?
　　14号中午
　　30号下午、晚上都可以

도전!! 맛있는 문장 훈련
6일 오전요. 그날 자리가 있나요?

2
A 你这次来的时间太短了。

B 工作忙　，我也没办法。
　　家里有事
　　客户要过来

도전!! 맛있는 문장 훈련
회사가 바쁘다 보니, 어쩔 수가 없네요.

3
A 你回去替我向 李总 问好。
　　　　　　　　同事们
　　　　　　　　吴老师

　　　　　　　　· 吴 Wú 오(성씨)

B 好的。张总。

도전!! 맛있는 문장 훈련
돌아가거든 저 대신에 부모님께 안부 전해 주세요.

연습 문제

1 녹음을 잘 듣고 질문에 알맞은 답을 고르세요. Track 112

①
- ⓐ 9月3号
- ⓑ 9月13号
- ⓒ 9月23号

②
- ⓐ 韩国
- ⓑ 中国
- ⓒ 日本

2 다음 대화를 완성하세요.

① A 先生，며칠에 돌아가시겠습니까?
B 13号下午，那天有座位吗?

➡ _____

② A 저한테 손님 영문명을 말씀해 주시겠어요?
B 我的英文名是KIM SUNG GONG。

➡ _____

③ A 这几天您也受累了，제가 다시 한 번 감사드립니다.
B 你这什么话呀。

➡ _____

3 빈칸에 들어갈 알맞은 단어를 고르세요.

| 陪 | 过 | 多 | 想 | 会 |

❶ 我_____确认一下回去的日期。

❷ 您的机票已经确认_____了。

❸ 下次我_____你去看看旅游景点。

❹ 张总，您也_____保重！

4 제시된 표현을 사용하여 다음을 중국어로 써 보세요.

❶ 최근에 비행기 표 사기가 쉽지 않으니까, 우리 왕복표로 사요. (往返)

➡ _____

❷ 당신이 저 대신 세관에 한 번 다녀올 수 있겠어요? (替/정반의문문)

➡ _____

❸ 오늘은 제가 여러분께 작별 인사를 하러 왔어요. (向)

➡ _____

❹ 편안한 여정 되시고, 댁에 도착하면 저한테 전화 주세요. (一路平安)

➡ _____

17과

您的行李超重了。
Nín de xíngli chāozhòng le.
손님 짐은 중량 초과입니다.

 귀국

상황1 기내 반입 금지 물품을 들고 있을 때
상황2 짐이 중량을 초과했을 때
상황3 안전 검사를 할 때

- 동사 不许 | 不会吧 | 동사 省 | 怎么回事

중국에 올 때는 어깨가 좀 무거웠는데,
돌아가는 길은 발걸음이 가볍다.
대리상 문제도 잘 해결되었고,
짧은 기간이었지만 좋은 분들도 많이 만났다.
음~ 김성공, 잘해냈군! 이번 출장 정말 성공적이었어!

Track 113

핵심구문 ❶
这是禁止携带物品，您得托运。
이건 기내 반입 금지 물품입니다. 부치셔야 해요.

핵심구문 ❷
小姐，我能不能拿出几样东西来？
아가씨, 몇 가지만 꺼내도 될까요?

핵심구문 ❸
小姐，怎么回事？有问题吗？
아가씨, 어떻게 된 거죠? 문제가 있나요?

Biz 맛있는 단어 　Track 114

- [ ] 瑞士军刀　Ruìshì jūndāo　스위스 빅토리녹스(Victorinox), 맥가이버 칼
- [ ] 不许　bùxǔ　⑧ 허락하지 않다, ~해서는 안 된다
- [ ] 禁止　jìnzhǐ　⑧ 금지하다
  　禁止吸烟 jìnzhǐ xīyān 흡연을 금하다 | 禁止出入 jìnzhǐ chūrù 출입을 금하다 | 禁止拍照 jìnzhǐ pāizhào 사진 촬영을 금하다
- [ ] 物品　wùpǐn　® 물품
- [ ] 超重　chāozhòng　⑧ 이합 중량을 초과하다
- [ ] 不会吧　bú huì ba　그럴 리가 없어요!
- [ ] 超重费　chāozhòngfèi　® 중량 추가 요금
- [ ] 样　yàng　⑧ 종류, 형태
- [ ] 省　shěng　⑧ 절약하다
  　节 jié 절약하다
- [ ] 安检员　ānjiǎnyuán　검사원
- [ ] 筐　kuāng　® 바구니
  　背筐 bēikuāng (등에 지는) 광주리 | 菜筐 càikuāng 채소 광주리
- [ ] 进一步　jìnyíbù　⑭ (한 걸음 더) 나아가, 진일보하여
- [ ] 怎么回事　zěnme huí shì　어떻게 된 일인가?
- [ ] 检查　jiǎnchá　⑧ 검사하다

17과 您的行李超重了。 • 175

맛있는 회화

상황1 기내 반입 금지 물품을 들고 있을 때 Track 115

值机员　先生，这把瑞士军刀不能随身携带上飞机。
　　　　Xiānsheng, zhè bǎ Ruìshì jūndāo bù néng suíshēn xiédài shàng fēijī.

金成功　这么小的也不许❶带上去呀?
　　　　Zhème xiǎo de yě bùxǔ dài shàngqu ya?

值机员　对。这是禁止携带物品，您得托运。
　　　　Duì. Zhè shì jìnzhǐ xiédài wùpǐn, nín děi tuōyùn.

金成功　是吗? 那就托运吧。
　　　　Shì ma? Nà jiù tuōyùn ba.

상황2 짐이 중량을 초과했을 때 Track 116

值机员　先生，您的行李超重了。
　　　　Xiānsheng, nín de xíngli chāozhòng le.

金成功　不会吧❷。我的东西不多。
　　　　Bú huì ba. Wǒ de dōngxi bù duō.

值机员　您的行李超重了十五公斤。您得交超重费。
　　　　Nín de xíngli chāozhòng le shíwǔ gōngjīn. Nín děi jiāo chāozhòngfèi.

金成功　是吗? 小姐，我能不能拿出几样东西来?
　　　　Shì ma? Xiǎojiě, wǒ néng bu néng náchū jǐ yàng dōngxi lái?

值机员　那也可以。这样，您就省❸钱了。
　　　　Nà yě kěyǐ. Zhèyàng, nín jiù shěng qián le.

| Dialogue

상황3 안전 검사를 할 때 Track 117

安检员 先生，请把您的护照和机票放到这个筐里，好吗?
Xiānsheng, qǐng bǎ nín de hùzhào hé jīpiào fàngdào zhège kuāng li, hǎo ma?

金成功 好的。
Hǎo de.

安检员 先生，请到这边来。我们要进一步检查。
Xiānsheng, qǐng dào zhèbian lái. Wǒmen yào jìnyíbù jiǎnchá.

金成功 小姐，怎么回事?❹ 有问题吗?
Xiǎojiě, zěnme huí shì? Yǒu wèntí ma?

安检员 先生，请您打开旅行箱，好吗?
Xiānsheng, qǐng nín dǎkāi lǚxíngxiāng, hǎo ma?

金成功 好的，你们看看。
Hǎo de, nǐmen kànkan.

安检员 先生，我们检查完了，您可以走了。
Xiānsheng, wǒmen jiǎnchá wán le, nín kěyǐ zǒu le.

金成功 好的，谢谢!
Hǎo de, xièxie!

TIP

+ 금지 및 주의 관련 표현

- **禁止吸烟** jìnzhǐ xīyān 흡연 금지
- **禁止通行** jìnzhǐ tōngxíng 통행 금지
- **请勿倚靠** qǐng wù yǐkào 기대지 마세요
- **小心夹手** xiǎoxīn jiā shǒu 손이 끼지 않게 조심하세요
- **小心滑倒** xiǎoxīn huádǎo 미끄럼 주의
- **小心地滑** xiǎoxīn dì huá 바닥이 미끄러우니 조심하세요
- **小心站台间隙** xiǎoxīn zhàntái jiànxì 열차와 승강장 사이를 조심하세요

맛있는 어법

① 这么小的也不许带上去呀?

不许는 '허락하지 않다'라는 뜻으로 어떤 동작을 하는 데 동의하지 않거나 할 수 없도록 금지할 때 쓰는 표현입니다.

蔬菜、水果都不许带上飞机。 채소와 과일은 모두 기내 반입이 안 됩니다.
Shūcài, shuǐguǒ dōu bùxǔ dài shàng fēijī.

公司里不许抽烟，想抽，请去抽烟室。
Gōngsī li bùxǔ chōuyān, xiǎng chōu, qǐng qù chōuyānshì.
회사에서는 담배를 피울 수 없습니다. 피우고 싶으면 흡연실로 가세요.

🆕 蔬菜 shūcài 명 채소 | 抽烟室 chōuyānshì 명 흡연실

② 不会吧。我的东西不多。

'不会吧'는 '그럴 리가'라는 뜻으로 어떤 상황이나 일이 발생할 가능성이 없을 때 쓰는 표현입니다. 화자의 주관적인 생각이 들어 있는 관용어입니다.

他们公司倒闭了? 不会吧! 그 친구네 회사가 부도났다고요? 그럴 리가요!
Tāmen gōngsī dǎobì le? Bú huì ba!

不会吧! 这些都是谣言，你也别当真了。 그럴 리가요! 다 소문이니, 당신도 믿지 마세요.
Bú huì ba! Zhèxiē dōu shì yáoyán, nǐ yě bié dàngzhēn le.

🆕 倒闭 dǎobì 동 부도나다 | 谣言 yáoyán 명 소문 | 当真 dàngzhēn 동 정말로 여기다

③ 这样，您就省钱了。

동사 省은 '금전적인 부분을 절약하거나 일이나 시간을 줄이다'라는 뜻으로 쓰입니다. 반의어로는 费(fèi 낭비하다)가 있습니다.

这样做又快又省钱。 이렇게 하면 빠르기도 하고 돈도 절약할 수 있어요.
Zhèyàng zuò yòu kuài yòu shěngqián.

| Grammar

坐火车没有坐飞机省时间。 기차를 타면 비행기를 타는 것만큼 시간을 절약할 수 없어요.
Zuò huǒchē méiyǒu zuò fēijī shěng shíjiān.

<new> 省钱 shěngqián 통 돈을 절약하다

4 小姐，怎么回事? 有问题吗?

'怎么回事?'는 '어찌된 일이죠?'라는 뜻으로 상황이나 일이 발생한 이유를 모를 때 쓰는 관용어입니다. 비슷한 표현으로는 '怎么搞的?, 怎么弄的?'가 있습니다.

飞机误点了，这是怎么回事? 비행기가 연착했는데, 어찌된 일이죠?
Fēijī wùdiǎn le, zhè shì zěnme huí shì?

怎么回事啊? 你们都围着他干什么? 어떻게 된 일이죠? 당신들은 그를 둘러싸고 뭐하는 거예요?
Zěnme huí shì a? Nǐmen dōu wéizhe tā gàn shénme?

<new> 误点 wùdiǎn 통 연착하다 | 围 wéi 통 둘러싸다

+ **문제가 생길 때는 어떻게 하지?**

해외에서 문제가 발생하면 당황하기 마련이다. 이때 발만 동동 구르지 말고 미리 중요 기관 몇 곳을 메모해 둬 침착하게 대처해 보자.

□ **여권을 분실했을 때**

여권을 분실했을 경우 일단 가까운 공안국을 찾아가서 여권 분실 증명 확인서를 받은 후 총영사관을 방문해야 한다. 이때 여권 사진이 필요하니 여분의 여권 사진을 준비하는 것이 좋다. 이러한 사고를 대비해 주변 공안국과 영사관의 위치, 전화번호를 미리 알아두자.

□ **긴급할 땐 120**

중국에서 위급한 상황이 발생했을 때 120에 전화하면 된다. 단, 구급차를 부르기 전에 기억해야 할 점이 있는데, 우리와는 달리 중국의 구급차는 유료라는 것이다. 또한 구급 차량이 종류별로 있어 벤츠와 같은 고급차는 1km당 5元이고, 심장병 의료 장비가 장착된 차량은 1km당 3.5元, 외제 차량은 1km당 2.5元, 국산 차량은 1km당 2元을 지불해야 한다.

맛있는 대화 연습

| Practice of Conversation

Track 118

1

A 这是 禁止携带物品 。您得托运。
　　　　发胶
　　　　液体产品

new
· 发胶 fàjiāo 헤어스프레이
· 液体 yètǐ 액체

B 是吗？那就托运吧。

이건 5kg이 넘는 여행 가방입니다. 부치셔야 해요.

2

A 请把您的 护照和机票 放到这个筐里，好吗？
　　　　　　皮鞋
　　　　　　大衣

new
· 皮鞋 píxié 구두
· 大衣 dàyī 코트

B 好的。

카메라를 이 바구니에 담아 주시겠어요?

3

A 先生，请您 打开旅行箱 ，好吗？
　　　　给我看手里的东西
　　　　把帽子摘下来

new
· 摘 zhāi (쓰고 있는 물건을) 벗다

B 好的，你们看看。

선생님, 저에게 항공권을 보여 주시겠습니까?

연습 문제

1 녹음을 잘 듣고 질문에 알맞은 답을 고르세요. Track 119

❶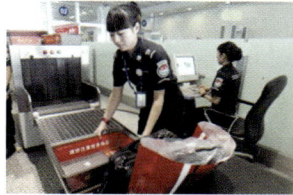

 ⓐ 打开旅行箱
 ⓑ 给她看护照
 ⓒ 照相

❷

 ⓐ 10公斤
 ⓑ 15公斤
 ⓒ 25公斤

2 다음 대화를 완성하세요.

❶ A 先生，这把瑞士军刀 기내에 반입할 수가 없습니다.
　 B 是吗？那就托运吧。

　➡ _____

❷ A 先生，손님 짐이 중량을 초과했습니다.
　 B 不会吧。我的东西不多。

　➡ _____

❸ A 先生，저희가 검사를 마쳤습니다，您可以走了。
　 B 好的，谢谢!

　➡ _____

17과 您的行李超重了。• 181

3 빈칸에 들어갈 알맞은 단어를 고르세요.

| 上去 | 来 | 出 | 到 | 过来 |

❶ 这么小的也不许带_____呀?

❷ 小姐，我能不能拿_____几样东西来?

❸ 请把您的机票放_____这个筐里，好吗?

❹ 先生，请到这边_____。我们要进一步检查。

4 제시된 표현을 사용하여 다음을 중국어로 써 보세요.

❶ 공공장소에서는 흡연을 할 수 없습니다. (不许)　*公共场所 gōnggòng chǎngsuǒ 공공장소

➡ _____

❷ 그 사람이 귀국했다고요? 그럴 리가요! (不会吧)

➡ _____

❸ 이렇게 하면 많은 돈을 절약할 수 있어요. (省)

➡ _____

❹ 그 친구네 회사가 부도났다고요? 이게 어찌된 일이죠? (怎么回事)

➡ _____

18과

这次出差顺利吧?
Zhècì chūchāi shùnlì ba?
이번에 출장 갔던 일은 잘 되었죠?

 출장 보고

상황1   출장에서 돌아왔을 때
상황2   업체를 평가할 때
상황3   출장 결과에 대해 보고할 때

— 斤斤计较 | 접속사 而且 | 전치사 根据 | 동사 说明

사장님께서 이번 출장을 성공적으로 마치고
돌아온 것을 치하해 '특별 보너스'를 하사하셨다.
출장의 여독이 한순간에 확~ 풀린다.
그래 그래, 이런 게 직장 생활의 맛이지.
나, 김성공 오늘 받은 보너스를 부서 회식비로 쓰겠어!
여러분~ 퇴근 후에 봅시다!

Track 120

핵심구문 ①

金代理，辛苦了，这次出差顺利吧？
김 대리, 고생했어요, 이번에 출장 갔던 일은 잘 되었죠?

핵심구문 ②

他们公司不但资信可靠，公司的信誉也很好。
그 회사 자금력도 믿을 만하고 회사 신용도도 좋습니다.

핵심구문 ③

等下个月张总过来，我们就签合同吧。
다음 달에 장 사장님 오시면, 계약합시다.

Biz 맛있는 단어 Track 121

顺利	shùnlì	형 순조롭다, 일이 잘 되어 가다
女强人	nǚqiángrén	명 유능한 여성
大方	dàfang	형 시원시원하다, 대범하다
斤斤计较	jīn jīn jì jiào	성 사소한 것을 시시콜콜 따지다
那种人	nà zhǒng rén	그런 사람
规模	guīmó	명 규모
想象	xiǎngxiàng	명 상상 동 상상하다
而且	érqiě	접 게다가
管理	guǎnlǐ	동 관리하다
愿意	yuànyì	동 원하다
根据	gēnjù	전 ~에 근거하여
资信	zīxìn	명 자금력과 신용도, 신용
可靠	kěkào	동 믿을 만하다
不但	búdàn	접 ~뿐만 아니라
信誉	xìnyù	명 신용, 명성
说明	shuōmíng	동 설명하다, 입증하다
行业	hángyè	명 업계

行情 hángqíng 시세, 동향

一定	yídìng	형 일정한, 어느 정도의
影响力	yǐngxiǎnglì	명 영향력
华东地区	Huádōng dìqū	명 화동 지역
协会	xiéhuì	명 협회
签合同	qiān hétong	계약하다

맛있는 회화

상황 1 출장에서 돌아왔을 때 Track 122

李大福: 金代理，辛苦了，这次出差顺利吧?
Jīn dàilǐ, xīnkǔ le, zhècì chūchāi shùnlì ba?

金成功: 嗯，非常顺利。张总问您好呢。
Ǹg, fēicháng shùnlì. Zhāng zǒng wèn nín hǎo ne.

李大福: 是吗? 她是个女强人吧?
Shì ma? Tā shì ge nǚqiángrén ba?

金成功: 对，我觉得她是做事很大方、不斤斤计较❶的那种人。
Duì, wǒ juéde tā shì zuò shì hěn dàfang, bù jīn jīn jì jiào de nà zhǒng rén.

상황 2 업체를 평가할 때 Track 123

李大福: 那个公司规模大吗?
Nàge gōngsī guīmó dà ma?

金成功: 比我们想象的还大，而且❷管理得很好。
Bǐ wǒmen xiǎngxiàng de hái dà, érqiě guǎnlǐ de hěn hǎo.

李大福: 他们愿意做我们的代理商?
Tāmen yuànyì zuò wǒmen de dàilǐshāng?

金成功: 对。张总希望和我们合作。
Duì. Zhāng zǒng xīwàng hé wǒmen hézuò.

李大福: 那太好了。
Nà tài hǎo le.

상황3 출장 결과에 대해 보고할 때   Track 124

李大福 根据❸你的报告，他们公司资信可靠，是吗？
Gēnjù nǐ de bàogào, tāmen gōngsī zīxìn kěkào, shì ma?

金成功 不但资信可靠，公司的信誉也很好。
Búdàn zīxìn kěkào, gōngsī de xìnyù yě hěn hǎo.

李大福 这说明❹他们在行业里有一定的影响力了？
Zhè shuōmíng tāmen zài hángyè li yǒu yídìng de yǐngxiǎnglì le?

金成功 有。张总是中国华东地区服装协会会长。
Yǒu. Zhāng zǒng shì Zhōngguó Huádōng dìqū fúzhuāng xiéhuì huìzhǎng.

李大福 是吗？那他们做我们的代理商，这对我们也很好。
Shì ma? Nà tāmen zuò wǒmen de dàilǐshāng, zhè duì wǒmen yě hěn hǎo.

金成功 我也这么想。
Wǒ yě zhème xiǎng.

李大福 那等下个月张总过来，我们就签合同吧。
Nà děng xià ge yuè Zhāng zǒng guòlai, wǒmen jiù qiān hétong ba.

金成功 好的。我现在去跟他们联系，让他们准备一下资料。
Hǎo de. Wǒ xiànzài qù gēn tāmen liánxì, ràng tāmen zhǔnbèi yíxià zīliào.

Tip ✚ 인물 평가 관련 단어

- 落魄 luòbó 호탕한 사람
- 好好先生 hǎohǎo xiānsheng 무골호인
- 小心眼儿 xiǎoxīnyǎnr 소심쟁이
- 吹牛大王 chuīniú dàwáng 허풍쟁이
- 老黄牛 lǎohuángniú 묵묵히 성실하게 일하는 사람
- 耳根软 ěrgēn ruǎn 귀가 얇은 사람
- 马屁精 mǎpìjīng 아첨쟁이
- 大草包 dàcǎobāo 속 빈 강정

맛있는 어법

① 我觉得她是做事很大方、不斤斤计较的那种人。

斤斤计较는 주로 누군가의 사람됨을 말할 때 쓰는 성어로 중요하지 않거나 시시한 일까지 일일이 따지는 것을 뜻합니다.

做小生意嘛，斤斤计较是必须的。 소규모 장사를 할 때는 세세한 것까지 챙기는 게 필요해요.
Zuò xiǎo shēngyi ma, jīn jīn jì jiào shì bìxū de.

他为人豪爽，对朋友讲义气，不在金钱上斤斤计较。
Tā wéirén háoshuǎng, duì péngyou jiǎng yìqi, bú zài jīnqián shang jīn jīn jì jiào.
그는 사람됨이 호탕하고 친구한테 의리도 지키고, 금전적인 면에서 쩨쩨하게 굴지 않아요.

> new 小生意 xiǎo shēngyi 소규모 장사 | 豪爽 háoshuǎng 형 호방하고 솔직하다
> 讲义气 jiǎng yìqi 의리를 중시하다 | 金钱 jīnqián 명 금전

② 比我们想象的还大，而且管理得很好。

而且는 '게다가'라는 뜻으로 점층 복문의 뒤 절에 쓰여 한층 더 심화된 상황을 나타냅니다. 보통 '不但(不仅/不只)……而且……' 형식으로 쓰이며, 뒤에 还, 也, 又, 更 등이 나옵니다.

这个月产量增加了，而且质量也比以前提高了。
Zhège yuè chǎnliàng zēngjiā le, érqiě zhìliàng yě bǐ yǐqián tígāo le.
이번 달 생산량이 증가한데다, 게다가 품질도 이전보다 향상되었어요.

她不但工作做得好，而且照顾家也是一把好手。
Tā búdàn gōngzuò zuò de hǎo, érqiě zhàogù jiā yě shì yì bǎ hǎoshǒu.
그녀는 업무를 잘할 뿐 아니라, 가사일에도 일가견이 있어요.

> new 一把好手 yì bǎ hǎoshǒu 어떤 일에 재능이 있는 사람

③ 根据你的报告，他们公司资信可靠，是吗？

전치사 根据는 '~에 근거해서'라는 뜻으로, 모종의 사물이나 동작을 어떠한 방안을 수립하거나 사실을 판단하는 전제나 기초로 삼는 것을 말합니다.

| Grammar

根据他们的资料来分析一下股票走势。
Gēnjù tāmen de zīliào lái fēnxī yíxià gǔpiào zǒushì.
그들의 자료에 근거해 주식의 추세를 분석하세요.

根据生产情况按顺序发货。 생산 상황에 근거해 순서대로 출하합니다.
Gēnjù shēngchǎn qíngkuàng àn shùnxù fāhuò.

new 走势 zǒushì 명 추세 | 按 àn 전 ~에 따라
顺序 shùnxù 명 순서 | 发货 fāhuò 동 출하하다

4 这**说明**他们在行业里有一定的影响力了？

说明은 비즈니스 회화에서 어떤 이의 말이나 행동으로 유추해 볼 때 '어떠한 사실을 알 수 있다'라는 뜻으로 많이 쓰입니다.

他这么做是**说明**他对篮球还有感情。
Tā zhème zuò shì shuōmíng tā duì lánqiú hái yǒu gǎnqíng.
그 사람이 이렇게 한 것은 그가 농구에 대해 아직도 정이 남아 있음을 입증해요.

从目前情形看还很难**说明**他们已经从经济危机中复苏了。
Cóng mùqián qíngxíng kàn hái hěn nán shuōmíng tāmen yǐjing cóng jīngjì wēijī zhōng fùsū le.
현재 정황으로 보아 그들이 이미 경제 위기에서 벗어났다고 말하기는 힘듭니다.

new 情形 qíngxíng 명 정황, 상황 | 经济危机 jīngjì wēijī 경제 위기
复苏 fùsū 동 회복(회생)하다

+ **중국인의 비즈니스 스타일**

중국인은 비즈니스를 할 때 '买卖不成情义在 mǎimài bù chéng qíngyì zài'라는 말을 자주 쓴다. 이는 '매매는 이루어지지 않더라도, 쌍방 간의 좋은 감정은 남아 있다'라는 뜻이다. 이 말 속에는 업무가 성사되지 않더라도, 인간 관계마저 끊지 말자는 중국인의 비즈니스 원칙이 숨어 있다. 이런 중국인들의 비즈니스 스타일을 보면 그들은 '관계 처리'를 참 잘한다는 생각이 든다. 우리에겐 '한국 스타일'이 있듯이 그들에겐 '중국 스타일'이 있다. 지피지기면 '백전백승' 아니던가! 이제는 '중국 스타일'을 심도 있게 연구해 봐야 하지 않을까?

Biz 맛있는 대화 연습

| Practice of Conversation

Track 125

1
A 辛苦了，这次 出差 顺利吧?
　　　　　　　　合作
　　　　　　　　旅程

B 嗯，非常顺利。

・旅程 lǚchéng 여정

도전!! 맛있는 문장 훈련
수고했어요. 이번 시험은 순조로웠죠?

2
A 他们愿意做我们的 代理商 ?
　　　　　　　　　供应商
　　　　　　　　　担保人

B 对。张总希望和我们合作。

・担保人 dānbǎorén 담보인

도전!! 맛있는 문장 훈련
그들이 우리의 사업 파트너가 되려고 하나요?

3
A 等 下个月张总过来 ，我们就签合同吧。
　　　商量好了
　　　双方同意

B 好的。

도전!! 맛있는 문장 훈련
사장님이 돌아오시면 계약합시다.

연습 문제

1 녹음을 잘 듣고 질문에 알맞은 답을 고르세요. Track 126

❶
ⓐ 她愿意
ⓑ 她不愿意
ⓒ 她想合作

❷
ⓐ 资信不可靠
ⓑ 信誉不可靠
ⓒ 资信可靠

2 다음 대화를 완성하세요.

❶ A 辛苦了，이번 출장은 순조로웠죠?
B 嗯，非常顺利。

➡ _____

❷ A 那个公司规模大吗?
B 우리가 생각했던 것보다 더 커요.

➡ _____

❸ A 他们做我们的代理商，这对我们也很好。
B 저도 그렇게 생각해요.

➡ _____

3 빈칸에 들어갈 알맞은 단어를 고르세요.

| 一定 | 让 | 的 | 问 | 得 |

❶ 张总_____您好呢。

❷ 那个公司规模很大，管理_____很好。

❸ 他们在行业里有_____的影响力。

❹ 我现在去跟他们联系，_____他们准备一下资料。

4 제시된 표현을 사용하여 다음을 중국어로 써 보세요.

❶ 그는 일처리를 시원스레 하고, 절대로 시시콜콜 따지는 법이 없어요. (斤斤计较)

➡ _____

❷ 이번 달에는 생산량도 늘고 게다가 품질도 많이 좋아졌어요. (而且)

➡ _____

❸ 생산 상황에 따라 출하 일정을 배정합니다. (根据)

➡ _____

❹ 그가 이렇게 말한 것은 그가 이 회사에 아직 정이 있다는 뜻이에요. (说明)

➡ _____

부록

- 정답 및 해석
- 찾아보기

정답 및 해석

01과 这是您的登机牌，请拿好。
이것은 당신의 탑승권입니다, 잘 챙기세요.

맛있는 Biz 회화 | 해석 |

상황 1
值机员 손님, 부치실 짐이 있으신가요?
金成功 없습니다. 이것들을 가지고 탑승해도 되지요?
值机员 여행 가방 속에 뭐가 들어 있나요?
金成功 옷, 서류 같은 거예요.
值机员 손님, 가지고 타셔도 됩니다.

상황 2
金成功 아가씨, 저희는 언제 비행기에 탑승할 수 있나요?
值机员 어느 항공편이시죠?
金成功 MU8377 항공편입니다.
值机员 손님, 손님이 타실 항공편은 20분 후에 탑승하실 수 있습니다.

상황 3
金成功 안녕하세요, 이것은 제 항공권입니다.
值机员 손님, 여권 좀 보여 주시겠어요?
金成功 네, 아가씨, 죄송하지만 창가 쪽 자리로 주실 수 있나요?
值机员 손님, 안타깝게도 창가 쪽 자리는 없습니다. 지금은 통로 쪽 자리만 남았어요.
金成功 그래요? 그러면 앞자리로 주실 수는 있나요?
值机员 한번 보겠습니다. 손님, 이코노미석 두 번째 자리는 어떠세요?
金成功 좋아요, 좋습니다.
值机员 손님, 여기 손님 탑승권입니다. 잘 챙기세요.

맛있는 Biz 대화 연습 | 해석 및 정답 |

❶ A 손님, 여행 가방 속에 뭐가 들어 있나요?
　B 옷, 서류 같은 거예요.
　　술, 담배 같은 거예요.
　　운동복, 운동화 같은 거예요.

❷ A 아가씨, 저희는 언제 비행기에 탑승할 수 있나요?
　B 손님, 손님이 타실 항공편은 20분 후에 탑승하실 수 있습니다.
　　손님, 손님이 타실 항공편은 30분 후에 탑승하실 수 있습니다.
　　손님, 손님이 타실 항공편은 곧 탑승하실 수 있습니다.

❸ A 손님, 여권 좀 보여 주시겠어요?
　　손님, 면허증 좀 보여 주시겠어요?
　　손님, 회원 카드 좀 보여 주시겠어요?
　B 네, 알겠습니다.

정답 ① 美元、书什么的。
② 先生，您的航班一个小时以后可以登机。
③ 先生，您的身份证给我看看，好吗？

Biz 연습 문제 | 정답 |

1 ① b　　　　② a

🎧 **녹음 원문**
① 女 先生，您有没有要托运的行李？
　 男 没有。
　 问 这位先生有没有要托运的行李？
② 男 MU8377航班什么时候可以登机？
　 女 您的航班20分钟以后可以登机。
　 问 MU8377航班什么时候登机？

2 ① 您的护照给我看看
② 现在只有靠过道的。
③ 请拿好。

3 ① 把　　② 给　　③ 靠　　④ 第

4 ① 旅行箱里装的是衣服、文件、书什么的。
② 是我们俩去机场接中国客户。
③ 麻烦你把这些资料交给部长，好吗？
④ 小姐，你能给我靠过道的座位吗？

02과 我们的飞机马上要起飞了。
저희 비행기는 곧 이륙합니다.

맛있는 Biz 회화 |해석|

상황 1
空　姐　손님, 저희 비행기가 곧 이륙하오니 휴대 전화 전원을 꺼 주시겠어요?
金成功　네, 바로 끌게요.
空　姐　그리고 손님, 안전벨트도 매 주세요.
金成功　아이쿠, 죄송해요. 제가 깜빡했어요.

상황 2
空　姐　손님, 여기 입국 카드입니다.
金成功　고맙습니다. 아가씨, 죄송하지만 담요 한 장만 주실 수 있나요?
空　姐　네, 금방 가서 가져오겠습니다.
金成功　네, 아가씨, 가시는 김에 물도 한 잔 주실 수 있나요?
空　姐　네, 그럼요.

상황 3
空　姐　손님, 무엇으로 드시겠습니까?
金成功　생수 주세요. 아! 아가씨, 이건 중국 맥주인가요?
空　姐　네, 좀 드셔 보시겠습니까?
金成功　아니요, 생수 마실게요. 아가씨, 여기 얼음이 있나요?
空　姐　그럼요, 잠시만 기다려 주세요.
金成功　아가씨, 저 주스 한 잔 더 주실래요?
空　姐　네. 손님, 다른 것이 더 필요하신가요?
金成功　없어요, 고맙습니다.

맛있는 Biz 대화 연습 |해석 및 정답|

❶ A　휴대 전화 전원을 꺼 주시겠어요?
　　　컴퓨터 전원을 꺼 주시겠어요?
　　　비디오 카메라 전원을 꺼 주시겠어요?
　　B　네, 바로 끌게요.

❷ A　아가씨, 죄송하지만 담요 한 장만 주실 수 있나요?
　　　아가씨, 죄송하지만 펜 한 자루 좀 주실 수 있나요?
　　　아가씨, 죄송하지만 입국 카드 한 장만 주실 수 있나요?
　　B　네, 금방 가서 가져오겠습니다.

❸ A　손님, 무엇으로 드시겠습니까?
　　B　생수 주세요.
　　　오렌지 주스 주세요.
　　　콜라 주세요.

정답　① 请把电视关上，好吗？
　　　　② 小姐，麻烦你给我一杯水，可以吗？
　　　　③ 我要咖啡。

Biz 연습 문제 |정답|

1　① c　　　　② b

🎧 녹음 원문
① 女　先生，我们的飞机马上要起飞了，请系好安全带。
　　男　哎呀！不好意思！我忘了。
　　问　女的让男的做什么？
② 女　先生，这是中国啤酒，您想喝点儿吗？
　　男　不，我喝矿泉水。
　　问　男的想喝什么？

2　① 这是您的入境卡。
　　② 你这儿有没有冰块儿(啊)？
　　③ 您还需要别的吗？

3　① 得　② 麻烦　③ 点儿　④ 再

4　① 我得写报告，还有，也得参加会议。
　　② 你去旅行社时，顺便拿我的护照回来。
　　③ 我这么说没问题吧？
　　④ 对不起，请稍等！韩部长马上就回来。

정답 및 해석

03과 我正在办理入境手续呢。
저는 입국 수속을 밟고 있습니다.

맛있는 Biz 회화 |해석|

상황 1
张小五 여보세요? 김 대리님, 비행기에서 내리셨어요?
金成功 막 비행기에서 내려 입국 수속을 밟고 있는 중이에요.
张小五 아, 그럼 밖에서 기다릴게요.
金成功 네, 잠시 후에 뵙겠습니다.

상황 2
金成功 여보세요? 장 사장님이시죠? 저는 한국에서 온 김성공입니다.
张小五 김 대리님, 나오셨어요? 근데 왜 못 봤을까요?
金成功 장 사장님, 저는 벌써 나왔어요. 지금 만남의 장소에 있습니다.
张小五 회색 양복을 입으신 멋쟁이 맞으시죠? 마침내 찾았네요.
金成功 저도 장 사장님을 봤습니다.

상황 3
张小五 한국에서 오신 김 선생님 되시죠?
金成功 네, 맞습니다.
张小五 안녕하세요. 저는 선녀어패럴의 장시아오우입니다.
金成功 장 사장님이세요? 이렇게 직접 마중 나오시니, 몸 둘 바를 모르겠습니다.
张小五 별 말씀을요, 당연한 건데요. 오시느라 고생하셨죠?
金成功 아닙니다. 상하이는 서울에서 가깝잖아요.
张小五 어느 호텔에 묵으세요? 모셔다 드릴게요.
金成功 저는 지엔구어 호텔로 예약했습니다.
张小五 쉬지아후에이 근처에 있는 거 맞죠? 김 대리님, 가시죠.

맛있는 Biz 대화 연습 |해석 및 정답|

① A 김 대리님, 비행기(차 | 기차)에서 내리셨어요?
  B 저는 막 비행기에서 내렸어요.
    저는 막 차에서 내렸어요.
    저는 막 기차에서 내렸어요.
② A 저는 벌써 나왔어요. 지금 만남의 장소에 있습니다.
    저는 벌써 나왔어요. 지금 3번 게이트 앞에 있습니다.
    저는 벌써 나왔어요. 지금 공항 리무진 타는 곳에 있습니다.
  B 아! 제가 봤어요.
③ A 한국에서 오신 김 선생님 되시죠?
    스페인에서 오신 김 선생님 되시죠?
    독일에서 오신 김 선생님 되시죠?
  B 네, 맞습니다.

정답 ① 我刚下地铁。
② 我早就出来了。我在咖啡厅里。
③ 你是从英国来的金先生吧?

Biz 연습 문제 |정답|

1 ① c   ② b

🎧 녹음 원문
① 女 你是穿着黑色西服的帅哥，对吧?
  男 不，我穿着灰色西服。
  问 男的穿着什么颜色的西服?
② 女 你住哪个宾馆? 我们送你到宾馆去。
  男 我订了建国宾馆。
  问 男的订了哪个宾馆?

2 ① 办理入境手续
② 我是从韩国来的金成功。
③ 路上辛苦了吧?
3 ① 怎么 ② 终于 ③ 让 ④ 应该
4 ① 我刚到不久，他就走了。

② 他们早就出发了，你来得太晚了。
③ 张总，您怎么亲自来了呢？
④ 那个餐厅离这儿很近嘛，我们走着去吧。

04과 您坐酒店班车D线就行。
호텔 리무진 D번을 타시면 됩니다.

맛있는 Biz 회화 |해석|

상황 1
金成功 기사님, 안녕하세요. 지엔구어 호텔에 가려면 몇 번 리무진을 타면 되나요?
班车司机 호텔 리무진 D번을 타시면 됩니다.
金成功 공항 리무진 3번을 타면 그곳에 가지 않나요?
班车司机 그 리무진은 인허 호텔로 가는 거라 지엔구어 호텔에는 가지 않습니다.
金成功 아, 그렇군요.

상황 2
金成功 기사님, 죄송한데요. 트렁크 좀 열어 주시겠어요?
出租车司机 네, 손님, 어디로 모실까요?
金成功 지엔구어 호텔이오. 기사님, 여기서 그곳까지 얼마나 걸리나요?
出租车司机 안 막히면 한 시간 정도요.

상황 3
张小五 김 대리님, 중국에는 처음 오시는 건가요?
金成功 아니요. 대학 다닐 때 와 봤어요.
张小五 어때요. 상하이는 요 몇 년 사이에 변화가 큰 것 같은가요?
金成功 많이 변했는데요. 도시가 더 예뻐졌어요.
张小五 그래요? 김 대리님, 아니면 호텔에 도착한 후에 간단히 식사라도 할까요?
金成功 괜찮습니다. 장 사장님, 사장님께서 하실 일도 많은데 가서 일 보셔야죠.
张小五 그래요 그럼. 김 대리님도 오늘은 푹 쉬고, 업무에 관한 일은 내일 다시 얘기해요.

金成功 네, 장 사장님. 제가 내일 일찌감치 건너가겠습니다.

맛있는 Biz 대화 연습 |해석 및 정답|

❶ A 그 리무진은 인허 호텔로 가는 거라 지엔구어 호텔에는 가지 않습니다.
그 리무진은 화이하이루에 가는 거라 지엔구어 호텔에는 가지 않습니다.
그 리무진은 홍치아오 공항에 가는 거라 지엔구어 호텔에는 가지 않습니다.
B 아, 그렇군요.

❷ A 기사님, 여기서 그곳까지 얼마나 걸리나요?
B 한 시간 정도 걸립니다.
40분 정도 걸립니다.
한 시간 반 정도 걸립니다.

❸ A 오늘은 푹 쉬고 업무에 관한 일은 내일 다시 얘기해요.
오늘은 푹 쉬고 주문에 관한 일은 내일 다시 얘기해요.
오늘은 푹 쉬고 배상에 관한 일은 내일 다시 얘기해요.
B 네, 그러죠.

정답 ① 那个班车是去人民广场的，不到建国宾馆。
② 十分钟左右。
③ 你今天好好儿休息，合同的事明天再谈吧。

Biz 연습 문제 |정답|

❶ ① a ② c

🔊 녹음 원문
① 女 你是第一次来中国的吗？
男 不是，上大学的时候来过。
问 男的来过中国没有？

정답 및 해석

② 女 去建国宾馆坐几号线班车呢?
　男 您坐酒店班车D线就行。
　问 女的应该坐几号线班车?

2 ① 您要去哪个地方?
　② 城市变得更漂亮了。
　③ 好好儿休息。

3 ① 不　② 打开　③ 一起　④ 点儿

4 ① 你跟金代理说几句就行。
　② 要是贵公司同意的话，我们就签合同。
　③ 快走吧，要不你赶不上火车了。
　④ 我们这次还是坐飞机去吧。

05과 我在网上预订了一个标准间。
저는 인터넷으로 일반룸을 예약했어요.

맛있는 Biz 회화 |해석|

상황 1
服务员 죄송합니다만, 손님, 예약자 명단에 손님 성함이 없습니다.
金成功 아가씨, 다시 한번 봐 주세요. 제가 그저께 예약했거든요.
服务员 손님, 손님 방을 다른 분이 대신 예약하셨나요?
金成功 제 동료가 예약해 줬어요. 그녀의 영문 이름은 GAO XIAO MEI입니다.

상황 2
金成功 아가씨, 제가 예약한 방에 조식이 포함되어 있나요?
服务员 조식이 포함되어 있습니다.
金成功 여기 조식 시간은 몇 시인가요?
服务员 아침 7시부터 10시까지인데요, 9시 반 전에는 식당으로 식사하러 가시는 게 좋습니다.

金成功 네, 알겠습니다.

상황 3
金成功 안녕하세요, 제가 인터넷으로 일반룸을 예약했는데요.
服务员 안녕하세요, 손님 여권을 좀 보여 주세요.
金成功 여기 있습니다.
服务员 손님, 일반룸을 예약하셨네요. 며칠 묵으실 예정이세요?
金成功 제가 23일에 가니까, 4일 머물게 되네요.
服务员 손님, 보증금을 내셔야 하는데요.
金成功 아가씨, 신용카드를 사용해도 되죠?
服务员 네. 손님, 이건 손님의 룸 카드고요, 손님 방은 1016호입니다. 엘리베이터는 오른쪽에 있습니다.

맛있는 Biz 대화 연습 |해석 및 정답|

1 A 9시 반 전에는 식당으로 식사하러 가시는 게 좋습니다.
　　8시에서 10시 사이에는 식당으로 식사하러 가시는 게 좋습니다.
　　저녁 10시 전에는 식당으로 식사하러 가시는 게 좋습니다.
　B 네, 알겠습니다.

2 A 저는 인터넷으로 일반룸을 예약했어요.
　　저는 인터넷으로 더블룸을 예약했어요.
　　저는 인터넷으로 외향 객실을 예약했어요.
　B 손님 여권을 좀 보여 주세요.

3 A 실례지만 며칠 묵으실 예정이세요?
　B 저는 4일 묵으려고요.
　　저는 하루 묵으려고요.
　　저는 일주일 묵으려고요.

정답 ① 您最好十一点之前去餐厅用餐。
　② 我在网上预订了一个豪华间。
　③ 我打算住三天。

Biz 연습 문제 |정답|

1 ① c　　② b

녹음 원문

① 女 你们的早餐时间是几点啊?
   男 早上七点到十点。
   问 他们的早餐时间是几点到几点?
② 女 先生，这是您的房卡，您的房间是1016。
   男 好的，谢谢!
   问 男的住的房间号码是多少?

2
① 预订名单里没有您的名字。
② 我在网上预订了一个标准间。
③ 我可以用信用卡吧?

3 ① 的　② 用　③ 住　④ 得

4
① 麻烦你帮我拿一下旅行箱，好吗?
② 我们还是订含早餐的房间吧。
③ 你最好明天发样品。
④ 您打算什么时候出发?

06과 房间里可以上网吗?
객실에서 인터넷을 할 수 있나요?

맛있는 Biz 회화 | 해석 |

상황 1
金成功 아가씨, 객실에서 인터넷을 할 수 있나요?
服务员 유선, 무선 다 가능합니다.
金成功 인터넷 사용료를 내나요?
服务员 무료입니다. 아무 때나 사용하실 수 있습니다.

상황 2
金成功 아가씨, 여기에서 팩스를 보낼 수 있나요?
服务员 네, 어디로 보내실 건가요?
金成功 한국으로 보내려고요. 아가씨, 지금 계산해야 하나요?
服务员 아뇨. 체크아웃 할 때 같이 계산하시면 됩니다. 몇 호 손님이세요?
金成功 1016호입니다.

상황 3
金成功 아가씨, 이 근처에 지하철역이 있나요?
服务员 있습니다. 쉬지아후에이 지하철역은 여기에서 가까워요.
金成功 걸어서 대략 얼마나 걸릴까요?
服务员 10분이면 됩니다.
金成功 아가씨, 이 근처에 또 가 볼 만한 곳이 있나요?
服务员 그럼요. 강후에이 센터, 헝산루 카페 거리, 쉬지아후에이 공원, 상하이 스타디움이 다 이 근처에 있습니다.
金成功 와! 이렇게나 많아요!
服务员 손님, 며칠 더 묵으셔야 할 것 같은데요.

맛있는 Biz 대화 연습 | 해석 및 정답 |

❶ A 아가씨, 객실에서 인터넷을 할 수 있나요?
     아가씨, 커피숍에서 인터넷을 할 수 있나요?
     아가씨, 비즈니스 센터에서 인터넷을 할 수 있나요?
  B 유선, 무선 다 가능합니다.
❷ A 아가씨, 여기에서 팩스를 보낼 수 있나요?
     아가씨, 여기에서 이메일을 보낼 수 있나요?
     아가씨, 여기에서 환전할 수 있나요?
  B 네.
❸ A 아가씨, 이 근처에 지하철역이 있나요?
     아가씨, 이 근처에 까르푸가 있나요?
     아가씨, 이 근처에 이케아 가구점이 있나요?
  B 있습니다. 여기에서 가까워요.

정답
① 小姐，大厅里可以上网吗?
② 小姐，这儿可以打电话吗?
③ 小姐，这儿附近有新华书店吗?

Biz 연습 문제 | 정답 |

❶ ① b　　② b

정답 및 해석

🎧 녹음 원문

① 男 小姐，这儿附近有地铁站吗？
　女 有，徐家汇地铁站离这儿很近。
　问 徐家汇地铁站离这儿远不远？
② 女 您要往哪里发传真呢？
　男 往韩国发。
　问 男的想要干什么？

2 ① 这是免费的。
　② 现在要付款吗？
　③ 还有可以去看的地方吗？

3 ① 时　② 有　③ 要　④ 在

4 ① 你有什么疑问，随时都可以问他。
　② 等小金到了，再说吧。
　③ 我大概明年六月去中国工作。
　④ 我们难得见一面，就多聊一会儿吧。

07과　我要退房，这是我的房卡。
체크아웃 하려고요, 여기 제 룸 카드입니다.

맛있는 Biz 회화 |해석|

상황 1
金成功　아가씨, 영수증 좀 발급해 주시겠어요?
服务员　알겠습니다. 여기 사인해 주세요.
金成功　네.
服务员　손님, 여기 명세서와 영수증입니다. 잘 보관하세요.

상황 2
金成功　아가씨, 제가 이 짐들을 여기에 좀 맡겨도 될까요?
服务员　네. 손님, 언제 찾으러 오실 예정이세요?
金成功　오후 5시요. 제가 저녁 비행기를 타거든요.
服务员　알겠습니다. 손님, 그때 오셔서 찾으시면 됩니다.
金成功　고맙습니다.

상황 3
服务员　손님, 안녕하세요. 계산하시려고요?
金成功　네, 체크아웃 하려고요. 여기 제 룸 카드입니다.
服务员　손님, 보증금 영수증은요?
金成功　보증금 영수증이오? 깜빡하고 객실 서랍에 넣어 둔 것 같은데요.
服务员　그러세요? 제가 객실 담당자에게 가지고 내려오라고 하겠습니다.
金成功　아가씨, 괜히 귀찮게 해 드렸네요.
服务员　아니에요. 손님, 카드로 결제하시겠어요, 아니면 현금을 내시겠어요?
金成功　카드로 결제할게요.

맛있는 Biz 대화 연습 |해석 및 정답|

1 A 아가씨, 영수증 좀 발급해 주시겠어요?
　　아가씨, 포장 좀 해 주시겠어요?
　　아가씨, 방 좀 정리해 주시겠어요?
　B 네, 잠시만 기다려 주세요.

2 A 손님, 언제 찾으러 오실 예정이세요?
　　손님, 언제 가지러 오실 예정이세요?
　　손님, 언제 맡기러 오실 예정이세요?
　B 오후 다섯 시요.

3 A 손님, 보증금 영수증은요?
　B 아이고, 제가 깜빡하고 방 안에 뒀네요.
　　아이고, 제가 깜빡하고 택시 안에 뒀네요.
　　아이고, 제가 깜빡하고 외투 주머니 안에 뒀네요.

정답 ① 小姐，你给我倒(杯)茶，好吗？
　　　② 先生，您打算什么时候来换？
　　　③ 哎呀，我把它忘在抽屉里了。

Biz 연습 문제 |정답|

1 ① b　　　② a

녹음 원문

① 女 先生，您好！您要结账吗？
　男 是，我要退房。
　问 男的要做什么？

② 女 先生，这是您的账单和发票。
　男 这么快，谢谢你啊！
　问 女的给了男的什么？

2 ① 请在这儿签名。
　　② 把这些行李寄存在这儿吗？
　　③ 这是我的房卡。

3 ① 吧　　② 呢　　③ 叫　　④ 要

4 ① 师傅，给我开发票，好吗？
　　② 我到时候再跟你联系，怎么样？
　　③ 他好像是个日本人。
　　④ 天已经黑下来了，咱们(我们)快走吧。

08과 我派车去接你吧。
제가 차를 보내 모시도록 할게요.

맛있는 Biz 회화 | 해석 |

상황1
张小五 김 대리님, 장시아오우예요.
金成功 아이고, 어쩜, 저도 마침 전화 드리려고 했는데.
张小五 김 대리님 생각에는 언제 만나는 게 비교적 편할 것 같으세요?
金成功 내일 오전, 오후 다 괜찮습니다.

상황2
张小五 김 대리님, 오늘 저녁에 다른 스케줄이 있으세요?
金成功 아뇨, 무슨 일 있으세요?
张小五 제가 친구 몇 명을 불러서 같이 술 한 잔 할까 하는데, 어떠세요?
金成功 그러죠.
张小五 그래요 그럼, 모임 시간과 장소가 정해지면 다시 알려줄게요.

상황3
张小五 김 대리님, 내일 차를 보내 모셔 올게요.
金成功 장 사장님, 번거롭게 그러실 것 없어요. 제가 택시 타고 가면 돼요.
张小五 그건 안 되죠. 우리 바이어이신데.
金成功 아이고, 사장님도 참. 알겠습니다. 고맙습니다. 장 사장님.
张小五 제가 몇 시에 그쪽으로 사람을 보내면 될까요?
金成功 기왕 올 거면, 아무래도 일찍 오시는 게 좋겠는데요.
张小五 9시면 너무 이른가요?
金成功 괜찮습니다. 내일 아침 9시에 호텔 로비에서 기다리겠습니다.
张小五 그래요. 내일 봅시다!

맛있는 Biz 대화 연습 | 해석 및 정답 |

1 A 김 대리님, 오늘 저녁에 스케줄이 있으세요?
　　B 아니요, 무슨 일 있으세요?
　　　영화를 봐요, 무슨 일 있으세요?
　　　집에 가서 쉬려고요, 무슨 일 있으세요?

2 A 김 대리님, 제가 내일 차를 보내 모셔 올게요.
　　　김 대리님, 제가 내일 호텔로 모시러 갈게요.
　　　김 대리님, 제가 내일 대리님을 모시고 공장 견학을 할게요.
　　B 장 사장님, 번거롭게 그러실 것 없어요.

3 A 내일 아침 9시에 호텔 로비에서 그를 기다릴게요.
　　　내일 아침 9시에 사거리에서 그를 기다릴게요.
　　　내일 아침 9시에 대합실에서 그를 기다릴게요.
　　B 네, 내일 뵙겠습니다.

정답 ① 去见朋友，您有事吗？
　　　② 金代理，明天我送你去机场吧。
　　　③ 明天早上九点我在公司门口等他。

정답 및 해석

Biz 연습 문제 | 정답 |

1 ① C   ② C

🎧 녹음 원문
① 女 您看什么时候见面比较方便?
   男 明天上午、下午都可以。
   问 男的什么时候有时间?
② 女 我想请几个朋友过来大家一起喝杯酒，怎么样?
   男 行啊。
   问 女的想请谁一起喝酒?

2 ① 我正想给您打电话呢。
   ② 你是我们的客户嘛。
   ③ 九点是不是太早了?

3 ① 了   ② 别   ③ 也   ④ 派

4 ① 这么巧，我正想去找你呢。
   ② 明天的日程安排得满满的。
   ③ 你不来可不行，你是会长嘛。
   ④ 既然来了，你就多呆几天吧。

09과 我们的产品主要面向年轻一代。
우리 제품은 젊은이들을 겨냥하고 있습니다.

맛있는 Biz 회화 | 해석 |

상황1
张小五 김 대리님, 제가 소개해 드릴게요. 이분은 우리 회사 영업부 팀장인 유 선생입니다.
金成功 선생님께서 유 팀장님이시군요. 말씀 많이 들었습니다.
刘经理 김 대리님, 안녕하세요. 중국에 오신 걸 환영합니다.
金成功 고맙습니다. 이렇게 반겨 주셔서.
张小五 자, 그럼 앉아서 얘기하죠.

상황2
金成功 장 사장님, 사장님네 회사는 몇 년도에 설립되었나요?
张小五 우리 회사는 1997년에 설립되었어요.
金成功 제가 보니까 사장님이 사업을 시작하실 때는 꽤 젊으셨겠는데요?
张小五 스물여덟에 사업을 시작했어요.

상황3
金成功 장 사장님, 이것은 저희 제품 목록입니다. 한번 보세요.
张小五 김 대리님네는 신제품이 참 많군요. 올해 추계 신상품인거죠?
金成功 올해 추동계 신상품이에요.
张小五 이 옷들은 디자인이랑 색상이 다 좋은데요.
金成功 저희 제품은 주로 젊은이들을 겨냥하고 있습니다.
张小五 요즘 중국 젊은이들도 한국 스타일의 옷을 아주 선호하고 있죠.
金成功 그런가요? 그럼 저희 제품이 중국 시장에서 확실히 판로가 있겠군요.
张小五 그걸 말이라고요. 우리 유 팀장은 영업 고수라니까요.

맛있는 Biz 대화 연습 | 해석 및 정답 |

1 A 선생님께서 유 팀장님이시군요, 말씀 많이 들었습니다.
   선생님께서 김 서기시군요, 말씀 많이 들었습니다.
   선생님께서 당 사장님이시군요, 말씀 많이 들었습니다.
   B 안녕하세요. 중국에 오신 걸 환영합니다.

2 A 귀사는 몇 년도에 설립되었나요?
   B 우리 회사는 1997년에 설립되었어요.
   우리 회사는 1983년에 설립되었어요.
   우리 회사는 2010년에 설립되었어요.

3 A 이것은 저희 상품 목록입니다. 한번 보세요.
   이것은 저희 사업자 등록증입니다. 한번 보세요.

이것은 저희 CCC 인증서입니다. 한번 보세요.
B 네, 잠시 후에 보겠습니다.

정답 ① 您就是王科长，久仰久仰。
② 我们公司是2003年成立的。
③ 这是我们的报价单，请您过目。

Biz 연습 문제 |정답|

1 ① b ② b

🎧 **녹음 원문**
① 女 这些新产品是今年秋季的吗？
　 男 是今年秋冬季的。
　 问 这些新产品是哪个季节的？
② 女 这些衣服款式和颜色都不错。
　 男 我们的产品主要面向年轻一代。
　 问 他们的产品主要面向什么人？

2 ① 我给你介绍一下
② 年纪还小吧？
③ 我们的产品在中国市场上

3 ① 下来　② 少　③ 特别　④ 可

4 ① 以后有机会你到我们公司来工作吧。
② 我准备辞职下海，可是我爱人不同意。
③ 我们的产品主要面向东南亚市场。
④ 那还用说，金代理是个销售高手。

10과 中国也应该有一家代理商。
중국에도 당연히 대리상이 있어야겠네요.

맛있는 Biz 회화 |해석|

상황 1
张小五 김 대리님, 김 대리님네 회사 제품은 한국에서 잘 팔리죠？
金成功 그런 셈이죠.

张小五 김 대리님네는 기존에 어느 나라에 대리상을 두고 있나요？
金成功 저희는 일본, 홍콩, 싱가포르 등지에 대리상을 두고 있습니다.
张小五 그래요？ 그럼 중국에도 당연히 대리상이 있어야겠네요.

상황 2
金成功 장 사장님, 사장님은 이미 자체 브랜드를 가지고 계신데, 왜 또 저희 쪽 대리상이 되시려는 거죠？
张小五 김 대리님도 알다시피, 우리 제품이 중저가 잖아요.
金成功 그럼 사장님께서는 고급 시장을 개척하시려는 건가요？
张小五 맞아요. 우리는 김 대리님네 대리상을 하면서, 동시에 자체적으로 고급 브랜드를 만들려고 하죠.

상황 3
金成功 장 사장님, 어떤 제품들이 중국 젊은이들한테 인기가 있을 것 같으세요？
张小五 제가 보기에 S시리즈와 T시리즈가 괜찮은데요.
金成功 오, 과연 전문가다우십니다.
张小五 왜요, 김 대리님？
金成功 이 두 제품이 판매량이 가장 많거든요.
张小五 그래요？ 어쨌든 좋은 제품은 누구나 다 관심을 갖게 되어 있죠.
金成功 장 사장님, 아니면 제가 돌아간 후에 사장님께 샘플을 제공해 드릴테니, 고객의 반응을 살펴보는 건 어떨까요？
张小五 그럼 너무 좋죠. 우리 쪽에서 시장 반응을 조사해 볼게요.

맛있는 Biz 대화 연습 |해석 및 정답|

❶ A 김 대리님, 귀사 제품은 한국에서 잘 팔리죠？
　 김 대리님, 이 스마트폰은 한국에서 잘 팔리죠？

정답 및 해석 • 203

정답 및 해석

김 대리님, 이 SUV 차량은 한국에서 잘 팔리죠?
B 그런 편이죠.
② A 당신은 고급 시장을 개척한다는 뜻인가요?
당신은 중고 시장을 개척한다는 뜻인가요?
당신은 틈새 시장을 개척한다는 뜻인가요?
B 맞아요. 우리는 당신네 대리상을 하려고 해요.
③ A 제가 보기에 S시리즈와 T시리즈가 괜찮은데요.
B 오! 과연 전문가다우십니다.
오! 과연 안목이 있으십니다.
오! 과연 영업하는 사람다우십니다.

정답 ① 金代理, 这种食品在韩国销售得很好吧?
② 您的意思是想开拓中低档市场?
③ 哟! 您果然是专家啊.

Biz 연습 문제 | 정답 |

1 ① b　　② a

> **녹음 원문**
> ① 女 你们已有哪些国家的代理商?
> 男 我们已有日本、香港、新加坡等地的代理商。
> 问 哪国不是他们的代理商?
> ② 男 我回去给您提供一些样品, 看看顾客的反应, 怎么样?
> 女 那太好了。
> 问 男的给女的要提供什么?

2 ① 中国也应该有一家代理商。
② 开拓高档市场。
③ 销售量最大

3 ① 等地　② 和　③ 会　④ 一下

4 ① 这个公司算是比较大的电子公司。
② 他是我同事, 同时也是老乡。
③ 我们的产品很受年轻人的欢迎。
④ 这些毕竟是出口产品, 做得很好。

11과 贵公司对代理商有什么要求?

귀사는 대리상에 대해 어떤 요구 사항이 있나요?

맛있는 Biz 회화 | 해석 |

상황 1
张小五 김 대리님, 이 매장이 저희 회사 직영점이에요.
金成功 와! 여기 인테리어가 생동감이 있고 발랄한 게, 꼭 놀이공원 같아요.
张小五 그래요? 이곳은 젊은이들의 공간이죠.
金成功 제가 보니까 매장 전체가 고객에 대한 배려로 가득 차 있네요.
张小五 당연히 그렇게 해야죠. 고객은 왕이잖아요.

상황 2
金成功 장 사장님, 작업장이 아주 깨끗하네요.
张小五 김 대리님 같은 외국 바이어가 워낙 위생을 따지니까요.
金成功 이렇게 해 놓으면 사장님네 회사 이미지에도 좋잖아요.
张小五 맞아요. 김 대리님 말에 일리가 있어요.

상황 3
张小五 김 대리님, 김 대리님네는 언제부터 중국에서 판매를 시작할 예정인가요?
金成功 저희는 내년 춘기에 판매를 시작할 생각입니다.
张小五 그럼 귀사에서는 대리상한테 어떤 요구 사항이 있나요?
金成功 저희는 사장님네가 국내 판매만 하고, 대리 기간은 2년으로 했으면 합니다.
张小五 이건 문제없습니다. 이제 수수료 문제만 남았군요.
金成功 수수료는 물품 판매 대금의 7%로 책정하려고 하는데, 어떠신지요?
张小五 그건 좀 박한 것 같네요. 제가 보기엔 8%는 되어야 할 것 같은데요.

金成功 이 문제는 제가 사장님과 상의를 좀 해 봐야
할 것 같습니다.

맛있는 Biz 대화 연습 |해석 및 정답|

① A 이 매장이 저희 회사 직영점이에요.
이 매장이 저희 회사 연쇄점이에요.
이 매장이 저희 회사 분점이에요.
B 와! 여기 인테리어가 참 잘됐네요.

② A 이렇게 해 놓으면 귀사의 이미지에도 좋잖아요.
이렇게 해 놓으면 두 회사의 이미지에도 좋잖아요.
이렇게 해 놓으면 생산 공정에도 좋잖아요.
B 맞아요. 당신 말에 일리가 있어요.

③ A 수수료는 물품 판매 대금의 7%로 책정하려고 하는데 어떠신지요?
이자는 물품 판매 대금의 7%로 책정하려고 하는데 어떠신지요?
리베이트는 물품 판매 대금의 7%로 책정하려고 하는데 어떠신지요?
B 그건 좀 박한 것 같네요.

정답 ① 本店就是我们公司的总店。
② 这么做对产品质量也好啊。
③ 手续费是售出货物价款的7%，您看怎么样？

Biz 연습 문제 |정답|

1 ① b　　　② b

🔊 녹음 원문

① 女 张总，你们车间搞得非常干净啊。
男 你们这些国外客户都讲究卫生嘛。
问 谁讲究卫生？
② 女 你们打算什么时候开始在中国出售？
男 我们打算明年春季开始出售。
问 男的打算什么时候开始出售？

2 ① 年轻人的空间。
② 只在国内销售。
③ 佣金是售出货物价款的7%。

3 ① 一切　② 对　③ 为　④ 下

4 ① 我们为顾客提供高质量的服务。
② 他是搞贸易的，通关问题就问他吧。
③ 你们这么说也有道理。
④ 这两种产品在价格上差不多。

12과 今天我们在这儿设小宴。
오늘 저희가 이곳에 조촐한 식사 자리를 마련했습니다.

맛있는 Biz 회화 |해석|

상황 1
张小五 다들 앉으시죠. 김 대리님은 여기 앉으세요.
金成功 고맙습니다.
张小五 오늘 저희가 이곳에 조촐한 식사 자리를 마련했는데, 김 대리님 환영식이라고 해 두죠.
金成功 별말씀을요, 제가 사장님네 회사에 처음 왔으니, 잘 좀 부탁드립니다.

상황 2
张小五 김 대리님, 이것 좀 들어 봐요.
金成功 장 사장님, 죄송한데요, 제가 시앙차이를 못 먹거든요.
张小五 왜, 시앙차이에 알레르기라도 있어요?
金成功 그런 건 아닌데요. 그게 시앙차이만 먹었다 하면 속이 불편해요.
张小五 아, 그래요? 그럼 드시지 마세요.

상황 3
张小五 여기 음식이 김 대리님 입맛에 맞는지 모르겠네요.
金成功 제 입맛에 딱 맞아요. 제가 어릴 때부터 중국 음식을 좋아했거든요.
刘经理 그래요? 김 대리님, 참게 좀 들어 봐요. 이게 상하이 특산물이랍니다.

정답 및 해석

金成功 상하이 사람들은 다 참게를 좋아한다면서요, 그렇죠?
张小五 아이고, 이것 좀 봐. 김 대리님은 상하이 사람들까지도 꿰뚫고 있다니까. 정말이지 중국통이에요.
金成功 사장님 비행기 그만 태우세요.
张小五 알았어요, 알았어. 김 대리님 많이 들어요.
金成功 네. 사장님도 많이 드세요.

맛있는 Biz 대화 연습 |해석 및 정답|

❶ A 다들 앉으시죠. 김 대리님은 여기 앉으세요.
   다들 조용히 해 주세요. 김 대리님은 여기 앉으세요.
   다들 주목해 주세요. 김 대리님은 여기 앉으세요.
  B 고맙습니다.

❷ A 죄송합니다. 제가 시앙차이를 못 먹거든요.
   죄송합니다. 제가 돼지고기를 못 먹거든요.
   죄송합니다. 제가 생선회를 못 먹거든요.
  B 그래요? 그럼 드시지 마세요.

❸ A 이것 좀 보세요. 김 대리님은 상하이 사람까지도 꿰뚫고 있어요. 정말이지 중국통이라니까요.
   이것 좀 보세요. 김 대리님은 중국 풍습까지도 꿰뚫고 있어요. 정말이지 중국통이라니까요.
   이것 좀 보세요. 김 대리님은 이곳의 상황까지도 꿰뚫고 있어요. 정말이지 중국통이라니까요.
  B 비행기 그만 태우세요.

정답 ① 诸位请进来。金代理，这边请。
② 不好意思，我不能吃辣的。
③ 你看，金代理还挺了解中国文化呢。简直是个中国通嘛。

Biz 연습 문제 |정답|

❶ ① b ② a

녹음 원문
① 女 我从小就喜欢吃中国菜。
   男 李代理，尝尝大闸蟹。这是上海特产。
   问 大闸蟹是哪个地方的特产？
② 女 你对香菜过敏吗？
   男 我一吃香菜，肚子就不太舒服。
   问 男的一吃香菜，会怎么样？

2 ① 那你就别吃了。
② 上海人都爱吃大闸蟹。
③ 尝尝这个菜。

3 ① 关照 ② 不好意思
③ 还 ④ 多

4 ① 今天我请客，算是为你们接风洗尘了。
② 这件衣服好看是好看，不过有点儿贵。
③ 你点的菜都合我的口味儿。
④ 两款产品简直就是一模一样。

13과 我就以茶代酒吧。
차로 술을 대신하겠습니다.

맛있는 Biz 회화 |해석|

상황 1
张小五 자, 다들 한 잔 더 합시다.
金成功 장 사장님, 전 이미 많이 마셨는데요.
张小五 뭔 그런 소리를, 술이 지기를 만나면 천 잔도 부족하다는 말도 있잖아요.
金成功 장 사장님께서 이렇게 말씀하시니, 그럼 끝까지 대작해 드리는 수밖에요.

상황 2
张小五 김 대리님, 무슨 술로 하실래요?
金成功 장 사장님, 오늘은 제가 술을 못 마시겠는데요.
张小五 그래도 조금은 마셔야죠.

金成功　정말 안 되겠습니다. 전 차로 술을 대신할게요.
张小五　그래요. 우리도 억지로 권하지는 않을게요.

상황 3
金成功　장 사장님, 제가 한 잔 더 드리겠습니다.
张小五　김 대리님 주량이 대단하군요.
金成功　솔직히 말씀드리면, 제가 평소엔 술을 안 마시는데, 오늘은 예외입니다.
张小五　괜찮아요. 사내대장부인데 술 한 잔 할 줄 알아야죠.
金成功　장 사장님, 제가 저희 회사를 대표해서 장 사장님의 융숭한 대접에 감사를 드립니다.
张小五　아이고, 무슨 말씀을. 우리 일이 순조롭게 잘 되었으면 좋겠네요.
金成功　자, 우리의 거래가 성사되길 바라며, 건배!
张小五　건배!

맛있는 Biz 대화 연습 |해석 및 정답|

❶ A 장 사장님, 오늘은 제가 술을 못 마시겠는데요.
　 B 그래도 조금은 마셔야죠.
　　　그래도 성의는 보이셔야죠.
　　　그래도 체면은 살려주셔야죠.
❷ A 정말 안 되겠습니다. 전 차로 술을 대신할게요.
　 B 그래요. 우리도 억지로 권하지는 않을게요.
　　　그래요. 당신이 알아서 하세요.
　　　그래요. 다음에는 꼭 한 잔 해야 해요.
❸ A 제가 평소에는 술을 안 마시는데, 오늘은 예외입니다.
　　　제가 평소에는 골프를 거의 안 치는데, 오늘은 예외입니다.
　　　제가 평소에는 마작을 하지 않는데, 오늘은 예외입니다.
　 B 그래요? 정말 감사합니다.

정답　① 那也得干一杯啊。
　　　　② 好吧。你就别喝了。
　　　　③ 我平时不喝白酒，今天是破例。

Biz 연습 문제 |정답|

❶ ① b　　　　　② a

🎧 녹음 원문

① 女　今天我就以茶代酒吧。
　 男　好吧。我们也不勉强了。
　 问　今天女的要喝什么？
② 男　张总，我喝得差不多了。
　 女　别客气，酒逢知己千杯少嘛。
　 问　女的说的意思是什么？

❷ ① 我再敬你一杯。
　 ② 今天是破例。
　 ③ 我们的合作成功

❸ ① 得　② 只有　③ 还是　④ 太

❹ ① 明天我陪客户去参观工厂。
　 ② 你不想喝酒，可以以茶代酒。
　 ③ 说实话，我不想跳槽。
　 ④ 我们对贵公司的关心和帮助表示感谢。

14과　没有发票，一律不能退货。
영수증 없이는 다 환불이 안 됩니다.

맛있는 Biz 회화 |해석|

상황 1
金成功　아가씨, 말씀 좀 물을게요. 이 상점에 치파오 전문점이 있나요?
售货员　손님, 5층에 가 보시겠어요. 거기 치파오 전문점이 있습니다.
金成功　거기에 아이가 입을 만한 것도 있겠죠?
售货员　그건 저도 잘 모르겠어요. 아무래도 손님이 올라가 보시는 게 좋을 것 같네요.

정답 및 해석

상황 2

金成功 아가씨, 이거 어제 산 건데요. 환불을 받았으면 해서요.
售货员 손님, 영수증은 가져오셨어요?
金成功 가져왔어요. 여기요.
售货员 됐습니다. 손님, 계산대에 가서서 환불 받으시면 됩니다.
金成功 고마워요. 아가씨.

상황 3

金成功 아가씨, 안녕하세요. 이거 환불 받을 수 있나요?
售货员 영수증은요?
金成功 제가 그걸 잃어버렸어요.
售货员 손님, 영수증을 안 가져오시면, 저희가 환불해 드릴 수가 없어요.
金成功 그런데요, 아가씨, 이거 오늘 오전에 샀거든요.
售货员 죄송합니다. 손님, 저희 가게 규정에는 영수증 없이는 다 환불이 안 됩니다.
金成功 아가씨, 부탁할게요.
售货员 손님, 정말로 죄송합니다.

맛있는 Biz 대화 연습 |해석 및 정답|

❶ A 말씀 좀 물을게요. 이 상점에 치파오 전문점이 있나요?
　 말씀 좀 물을게요. 이 상점에 베이징 특산품이 있나요?
　 말씀 좀 물을게요. 이 상점에 보석 가게가 있나요?
　B 손님, 5층으로 가 보세요.

❷ A 아가씨, 안녕하세요. 이거 환불 받을 수 있나요?
　 아가씨, 안녕하세요. 이 바지 환불 받을 수 있나요?
　 아가씨, 안녕하세요. 이 신발 환불 받을 수 있나요?
　B 손님, 영수증은 가져오셨어요?

❸ A 영수증을 안 가져오시면, 저희가 환불해 드릴 수가 없습니다.
　B 그런데요 아가씨, 이거 오늘 오전에 샀거든요.
　 그런데요 아가씨, 이거 3일 전에 샀거든요.
　 그런데요 아가씨, 이거 방금 샀거든요.

정답 ① 请问一下，这个商店里有没有进口食品？
② 小姐，你好，这件衣服可以退货吗？
③ 可是小姐，这是我昨天买的呀。

Biz 연습 문제 |정답|

1 ① b　　② c

🔊 녹음 원문

① 男 小姐，这是我昨天刚买的，可我想退货。
　 女 先生，您去收银台退货吧。
　 问 男的是什么时候买的东西？
② 女 如果您没带发票，我们没法给您退货。
　 男 这是我今天上午刚买的呀。
　 问 男的能不能退货？

2 ① 有小孩儿穿的吧？
② 您带发票了吗？
③ 帮个忙吧。

3 ① 还是　② 如果　③ 可是　④ 能

4 ① 这我不太清楚，你去问别人吧。
② 他是外行，我没法跟他沟通。
③ 如果质量不好，请一律退货。
④ 你能来我们公司，这实在太好了。

15과 怪不得，这做得真别致。

어쩐지, 참 독특하다 싶었어요.

맛있는 Biz 회화 |해석|

상황 1

金成功 아가씨, 이게 약간 큰데요. 좀 작은 것으로 바꿀 수 있을까요?
售货员 네, 손님, 여기 한 사이즈 작은 것이 있어요.
金成功 제가 다시 한번 입어 볼 수 있을까요?
售货员 그럼요, 탈의실은 저쪽입니다.
金成功 아가씨, 이 옷은 크지도 작지도 않고 딱 맞네요.

상황 2

金成功 아가씨, 이 넥타이는 색깔이 너무 알록달록해서요. 다른 것으로 바꿨으면 하는데요.
售货员 어느 것으로 바꾸시겠어요?
金成功 이거 어때요? 저한테 어울리나요?
售货员 손님, 그 넥타이를 하시니까 패션 잡지의 표지 모델같이 멋지신데요.

상황 3

金成功 아가씨, 제가 한국 친구한테 선물을 하려고 하는데, 추천 좀 해 주세요.
售货员 손님, 이런 명함 케이스는 어떠세요?
金成功 케이스 위에 있는 무늬는 수공이죠?
售货员 네, 이건 다 중국 남방 지역의 소수 민족이 수공으로 제작한 것이에요.
金成功 어쩐지, 참 독특하다 싶었어요.
售货员 손님, 중국풍 열쇠고리들도 괜찮습니다.
金成功 그러게요, 그것도 괜찮네요. 각각 10개씩 주세요.
售货员 네, 손님, 먼저 가셔서 계산해 주세요.

맛있는 Biz 대화 연습 |해석 및 정답|

① A 어느 것(대|벌)로 바꾸시겠어요?
　　B 이건 어때요?
　　　이건 (자전거) 어때요?
　　　이건 (옷) 어때요?

② A 제가 한국 친구에게 선물을 하려고 하는데, 추천 좀 해 주세요.
　　　제가 바이어에게 선물을 하려고 하는데, 추천 좀 해 주세요.
　　　제가 상사에게 선물을 하려고 하는데, 추천 좀 해 주세요.
　　B 손님, 이런 명함 케이스는 어떠세요?

③ A 케이스 위에 있는 무늬는 수공이죠?
　　B 이건 다 중국 남방 지역의 소수 민족이 수공으로 제작한 것이에요.
　　　이건 다 묘족이 수공으로 제작한 것이에요.
　　　이건 다 장인이 수공으로 제작한 것이에요.

정답 ① 这件衬衫怎么样？
　　　② 我想给外国朋友买礼物，您帮我推荐一下吧。
　　　③ 这都是木匠手工做的。

Biz 연습 문제 |정답|

1 ① c　　　② b

🎧 **녹음 원문**

① 女 这些带有中国风格的钥匙圈也很好。
　 男 那也不错。
　 问 女的给男的推荐了什么？
② 男 这条领带颜色太花了，我想换条别的。
　 女 您看看换哪一条？
　 问 男的为什么要换领带？

2 ① 可以换小点儿的吗？
　　② 我想换条别的。
　　③ 您帮我推荐一下吧。

3 ① 在　② 次　③ 的　④ 有

4 ① 这条裙子不长也不短正好。
　　② 她的眼睛像月亮一样那么好看。

정답 및 해석

③ 怪不得，他的汉语那么好，他在中国呆了十年。
④ 这些商品我们各买五个。

16과 我就在这儿告辞了。
전 여기서 이만 인사를 드리겠습니다.

맛있는 Biz 회화 |해석|

상황 1
金成功: 아가씨, 안녕하세요. 제가 한국에서 왕복 티켓을 끊고, 돌아가는 건 OPEN으로 했거든요. 돌아가는 날짜를 확인하고 싶은데요.
值机员: 네, 손님, 언제 돌아가시려고요?
金成功: 23일 저녁요, 그날 자리가 있나요?
值机员: 있습니다. 손님, 그럼 지금 바로 예약해 드리겠습니다.

상황 2
金成功: 아가씨, 제가 항공권을 재확인하고 싶은데요.
值机员: 손님 영문 이름을 말씀해 주시겠어요?
金成功: 제 영문 이름은 KIM SUNG GONG입니다.
值机员: 손님, 손님 항공권은 9월 23일 MU5051 항공편으로 이미 재확인되었습니다.

상황 3
张小五: 김 대리님 이번에는 너무 짧게 오셨어요.
金成功: 업무가 바쁘다 보니, 어쩔 수가 없네요.
张小五: 다음에는 며칠 더 머물러요. 제가 관광지에도 데려갈게요.
金成功: 정말요? 장 사장님, 요 며칠 고생 많으셨습니다. 다시 한 번 감사드립니다.
张小五: 무슨 말씀을요. 돌아가거든 저 대신에 이 사장님께 안부 전해 주세요.
金成功: 네, 장 사장님, 그럼 여기서 이만 인사를 드릴게요. 다음에 한국에서 봬요.
张小五: 그래요. 조심해서 가세요.
金成功: 고맙습니다. 장 사장님도 건강하십시오.

맛있는 Biz 대화 연습 |해석 및 정답|

1 A 손님, 언제 돌아가시려고요?
　 B 23일 저녁요, 그날 자리가 있나요?
　　 14일 점심요, 그날 자리가 있나요?
　　 30일 오후, 밤 다 괜찮아요, 그날 자리가 있나요?

2 A 이번에는 너무 짧게 오셨어요.
　 B 업무가 바쁘다 보니, 어쩔 수가 없네요.
　　 집에 일이 있다 보니, 어쩔 수가 없네요.
　　 바이어가 올 예정이다 보니, 어쩔 수가 없네요.

3 A 돌아가거든 저 대신에 이 사장님께 안부 전해 주세요.
　　 돌아가거든 저 대신에 동료들에게 안부 전해 주세요.
　　 돌아가거든 저 대신에 오 선생님께 안부 전해 주세요.
　 B 알겠습니다. 장 사장님.

정답 ① 6号上午，那天有座位吗？
② 公司很忙，我也没办法。
③ 你回去替我向你的父母问好。

Biz 연습 문제 |정답|

1 ① c　　　　② a

🎧 녹음 원문
① 男 小姐，我想再确认一下机票。
　 女 您的机票是9月23号MU5051航班已经确认过了。
　 问 男的几号回国？
② 女 张总，我就在这儿告辞了，下次在韩国见。
　 男 好啊，一路平安！
　 问 他们打算下次在哪儿见面？

2 ① 您哪天回去？
② 请告诉我您的英文名，好吗？
③ 我再次感谢您。

3 ① 想　② 过　③ 陪　④ 多
4 ① 最近机票不好买，我们就买往返票吧。
② 你能不能替我跑一趟海关？
③ 今天我来向你们告别。
④ 一路平安! 到了家给我打电话。

17과 您的行李超重了。
손님 짐은 중량 초과입니다.

맛있는 Biz 회화 |해석|

상황 1
值机员 손님, 이 맥가이버 칼은 기내 반입이 안 되는데요.
金成功 이렇게 작은 것도 가지고 탈 수 없나요?
值机员 네. 이건 기내 반입 금지 물품입니다. 부치셔야 해요.
金成功 그래요? 그럼 부칠게요.

상황 2
值机员 손님, 손님 짐은 중량 초과입니다.
金成功 그럴 리가요. 물건도 얼마 안 되는데요.
值机员 손님 짐은 15kg 초과입니다. 추가 요금을 내셔야겠어요.
金成功 그래요? 아가씨, 제가 몇 가지만 꺼내도 될까요?
值机员 그러세요. 그렇게 하시면, 돈을 절약하실 수 있겠네요.

상황 3
安检员 선생님, 여권과 항공권을 이 바구니에 담아 주시겠어요?
金成功 네.
安检员 선생님, 이쪽으로 와 주십시오. 저희가 검사를 더 해 봐야 할 것 같습니다.
金成功 검사원 아가씨, 어떻게 된 거죠, 문제가 있나요?
安检员 선생님, 여행 가방 좀 열어 주시겠습니까?

金成功 네, 보세요.
安检员 손님, 검사가 끝났습니다. 가셔도 됩니다.
金成功 알겠습니다. 고맙습니다.

맛있는 Biz 대화 연습 |해석 및 정답|

❶ A 이건 기내 반입 금지 물품입니다. 부치셔야 해요.
　 이건 헤어스프레이입니다. 부치셔야 해요.
　 이건 액체 물품입니다. 부치셔야 해요.
B 그래요? 그럼 부칠게요.
❷ A 여권과 항공권을 이 바구니에 담아 주시겠어요?
　 구두를 이 바구니에 담아 주시겠어요?
　 코트를 이 바구니에 담아 주시겠어요?
B 알겠습니다.
❸ A 선생님, 여행 가방 좀 열어 주시겠습니까?
　 선생님, 저에게 손에 든 물건을 보여 주시겠습니까?
　 선생님, 모자를 벗어 주시겠습니까?
B 네, 보세요.

정답 ① 这是超过五公斤的旅行箱。您得托运。
② 请把您的相机放到这个筐里，好吗？
③ 先生，请您给我看机票，好吗？

Biz 연습 문제 |정답|

1　① a　　② b

녹음 원문

① 女 先生，请您打开旅行箱，好吗？
　 男 小姐，怎么回事，有问题吗？
　 问 女的让男的做什么？
② 女 您的行李超重了十五公斤。您得交罚款。
　 男 是吗? 在哪儿交罚款？
　 问 男的的行李超重了多少？

정답 및 해석

2 ① 不能随身携带上飞机。
② 您的行李超重了。
③ 我们检查完了。

3 ① 上去　② 出　③ 到　④ 来

4 ① 公共场所里不许抽烟。
② 他回国了？不会吧！
③ 这样做可以省很多钱。
④ 他们公司倒闭了？这是怎么回事？

 这次出差顺利吧？
이번에 출장 갔던 일은 잘 되었죠?

맛있는 Biz 회화 |해석|

상황 1
李大福　김 대리, 고생했어. 이번에 출장 갔던 일은 잘 됐지?
金成功　네. 아주 순조로웠습니다. 장 사장이 안부 전했습니다.
李大福　그래? 장 사장은 아주 유능한 여성이지?
金成功　네. 장 사장은 일도 시원스럽게 하시고, 속 좁은 스타일도 아닌 것 같더라고요.

상황 2
李大福　그 회사는 규모가 크던가?
金成功　우리 생각보다 크고, 게다가 관리도 잘되어 있던데요.
李大福　그 친구들이 우리의 대리상이 되려고 하던가?
金成功　네. 장 사장은 우리와 같이 일하고 싶어 했습니다.
李大福　그럼 아주 잘됐군.

상황 3
李大福　자네 보고서에 의하면, 그 회사 자금력이 믿을 만하던데, 그런가?
金成功　자금력도 믿을 만하고 회사 신용도도 좋습니다.

李大福　그건 그 회사가 업계에서 어느 정도 영향력을 행사할 수 있다는 얘기가 되나?
金成功　예. 장 사장은 중국 화동 지역 의류 협회 회장입니다.
李大福　그래? 그럼 그 회사가 우리의 대리상이 되면, 우리한테도 좋은 일이군.
金成功　저도 그렇게 생각합니다.
李大福　그럼 다음 달에 장 사장이 오면, 계약하도록 하자고.
金成功　알겠습니다. 제가 지금 그쪽에 연락해서 자료 준비를 하라고 하겠습니다.

맛있는 Biz 대화 연습 |해석 및 정답|

1 A 고생했어요, 이번 출장은 순조로웠죠?
　　고생했어요, 이번 합작은 순조로웠죠?
　　고생했어요, 이번 여정은 순조로웠죠?
　B 네. 아주 순조로웠습니다.

2 A 그들이 우리의 대리상이 되려고 하나요?
　　그들이 우리의 공급 업체가 되려고 하나요?
　　그들이 우리의 담보인이 되려고 하나요?
　B 네. 장 사장님이 저희와 같이 일하고 싶어 하셨습니다.

3 A 다음 달에 장 사장님이 오시면, 우리 계약하도록 해요.
　　상의가 끝나면, 우리 계약하도록 해요.
　　양측이 동의하면, 우리 계약하도록 해요.
　B 알겠습니다.

정답 ① 辛苦了，这次考试顺利吧？
② 他们愿意做我们的合作伙伴？
③ 等老总回来，我们就签合同吧。

Biz 연습 문제 |정답|

1 ① a　　　　　② c

> 🎧 녹음 원문
>
> ① 女 他们愿意做我们的代理商?
>   男 对。张总希望和我们合作。
>   问 张总希望做他们的代理商吗?
> ② 女 他们公司资信可靠，是吗?
>   男 不但资信可靠，公司的信誉也很好。
>   问 他们公司资信可靠吗?

2 ① 这次出差顺利吧?
② 比我们想象的还大。
③ 我也这么想。

3 ① 问　② 得　③ 一定　④ 让

4 ① 他做事很大方，从来不斤斤计较。
② 这个月产量增加了，而且质量也好多了。
③ 根据生产情况安排发货日期。
④ 他这么说是说明他对这个公司还有感情。

찾아보기

A

安检员 ānjiǎnyuán	명 검사원	175
安排 ānpái	명 스케줄 동 배정하다, 배치하다	85
安全带 ānquándài	명 안전벨트	25
按 àn	전 ~에 따라	189

B

班车 bānchē	명 통근차, 정기 운행 차량	45
办法 bànfǎ	명 방법	165
办理 bànlǐ	동 처리하다, (수속을) 밟다	35
帮 bāng	동 돕다	55
保重 bǎozhòng	동 건강에 주의하다, 몸조심하다	165
抱歉 bàoqiàn	동 죄송하다	145
比较 bǐjiào	부 비교적, 상대적으로 동 비교하다	85
毕竟 bìjìng	부 어쨌든, 어디까지나	105
变 biàn	동 변하다	45
变化 biànhuà	명 변화 동 변화하다	45
便饭 biànfàn	명 간단한 식사	45
标准间 biāozhǔnjiān	명 일반룸	55
别致 biézhì	형 독특하다, 특이하다	155
冰块儿 bīngkuàir	명 얼음	25
不……不…… bù……bù……	~하지 않을 수 없다, ~하지도 않고 ~하지도 않다	155
不但 búdàn	접 ~뿐만 아니라	185
不过 búguò	접 그러나, 하지만	125
不会吧 bú huì ba	그럴 리가 없어요!	175
不许 bùxǔ	동 허락하지 않다, ~해서는 안 된다	175
布置 bùzhì	동 진열하다, 배치하다	115

C

猜 cāi	동 추측하다	95
操心 cāoxīn	동 애태우다	118
差不多 chàbuduō	형 거의 다 되어 가다, 거의 비슷하다	115
产品目录 chǎnpǐn mùlù	명 제품 목록	95
超重 chāozhòng	동 중량을 초과하다	175
超重费 chāozhòngfèi	명 중량 추가 요금	175
成立 chénglì	동 설립하다, 수립하다	95
城市 chéngshì	명 도시	45
橙汁 chéngzhī	명 오렌지 주스	25
抽屉 chōuti	명 서랍	75
抽烟室 chōuyānshì	명 흡연실	178
出售 chūshòu	동 팔다, 판매하다	115
初来 chūlái	동 새로 오다, 방금 오다	125
船 chuán	명 배	49
创业 chuàngyè	동 창업하다	95
春季 chūnjì	명 춘계	115
辞职 cízhí	동 사표를 내다	98
从中 cóngzhōng	부 그 속에서	108

D

打车 dǎchē	동 택시를 타다	85
打开 dǎkāi	동 열다	45
打算 dǎsuan	동 ~하려고 하다, ~할 계획이다	55
大方 dàfang	형 시원시원하다, 대범하다	185
大概 dàgài	부 아마, 대개, 대략	65
大厅 dàtīng	명 로비	85
大闸蟹 dàzháxiè	명 참게	125
呆 dāi	동 머무르다	69, 165
代表 dàibiǎo	명 대표 동 ~를 대표하다	135

代理商 dàilǐshāng	명 대리상, 에이전트	105
戴高帽 dài gāomào	상대방을 추켜 올리다	125
担心 dānxīn	동 걱정하다	168
当真 dàngzhēn	동 정말로 여기다	178
倒闭 dǎobì	동 부도나다	178
到……来 dào……lái	~로 오다	95
到时候 dào shíhou	그때 가서	75
登机 dēngjī	동 탑승하다	15
登机牌 dēngjīpái	명 탑승권	15
等 děng	~하기를 기다리다	65
等地 děngdì	명 등지	105
低档 dīdàng	형 저급의	105
地点 dìdiǎn	명 장소, 위치	85
递 dì	동 건네주다	19
第一次 dì-yī cì	명 맨 처음, 최초	45
电子 diànzǐ	명 전자	112
订 dìng	동 예약하다	35
丢 diū	동 잃다, 분실하다	145
对……表示 duì……biǎoshì	~에게 표시하다, ~에게 나타내다	135

E

| 而且 érqiě | 접 게다가 | 185 |

F

发货 fāhuò	동 출하하다	189
发票 fāpiào	명 영수증	75
反悔 fǎnhuǐ	동 마음이 변하다, 번복하다	89
方便 fāngbiàn	동 편리하게 하다 형 편리하다	85
房卡 fángkǎ	명 룸 카드, 객실 열쇠	55
房务员 fángwùyuán	명 호텔 객실 담당자	75
风格 fēnggé	명 스타일, 태도, 풍격	155

封面 fēngmiàn	명 표지	155
服装 fúzhuāng	명 의상, 의류	95
复苏 fùsū	동 회복(회생)하다	189

G

干净 gānjìng	형 깨끗하다	115
赶不上 gǎn bu shàng	(정해진 시간에) 대지 못하다, 늦다	49
感兴趣 gǎn xìngqù	~에 대해 관심(흥미)을 갖다	105
刚 gāng	부 막, 방금	35
高档 gāodàng	형 고급의, 상등의	105
高手 gāoshǒu	명 고수	95
搞 gǎo	동 ~하다, ~에 종사하다	115
告别 gàobié	동 작별 인사를 하다	169
告辞 gàocí	동 이별을 고하다, 헤어지다	165
各 gè	대 각, 여러 부 각각, 저마다	155
根据 gēnjù	전 ~에 근거하여	185
工作经历证明 gōngzuò jīnglì zhèngmíng	경력 증명서	78
工作狂 gōngzuòkuáng	명 일벌레	158
公共场所 gōnggòng chǎngsuǒ	공공장소	182
公文包 gōngwénbāo	명 서류 가방	18
拐 guǎi	동 방향을 바꾸다, 돌아가다	169
怪不得 guàibude	부 어쩐지	155
关机 guānjī	동 전원을 끄다	25
管理 guǎnlǐ	동 관리하다	185
规定 guīdìng	명 규정 동 규정하다	145
规模 guīmó	명 규모	185
贵宝地 guì bǎodì	상대방이 있는 곳이나 회사를 높여 부르는 말	125
国外客户 guówài kèhù	명 외국 손님, 외국 바이어	115
果然 guǒrán	부 과연	105

찾아보기

过道 guòdào	명 복도, 통로	15
过敏 guòmǐn	동 알레르기 반응을 보이다, 예민하다	125
过目 guòmù	동 훑어보다, 한번 보다	95

H

还是 háishi	부 여전히, 역시, 그냥	45
还有 háiyǒu	접 그리고, 또한	25
海量 hǎiliàng	명 대단한 주량, 술고래	135
含 hán	동 포함하다, 내포하다	55
韩版 Hánbǎn	명 한국 스타일	95
行业 hángyè	명 업계	185
航班 hángbān	명 (배·비행기의) 운항편, 항공편, 운항 횟수	15
豪爽 háoshuǎng	형 호방하고 솔직하다	188
合 hé	동 ~에 맞다, 부합하다	125
后备箱 hòubèixiāng	명 트렁크	45
互相 hùxiāng	부 서로	39
花 huā	형 알록달록하다	155
花纹 huāwén	명 무늬와 도안	155
华东地区 Huádōng dìqū	명 화동 지역	185
灰色 huīsè	명 회색	35
回程 huíchéng	명 되돌아가는 길	165
会合点 huìhédiǎn	명 만남의 장소	35
会长 huìzhǎng	명 회장	92
婚礼 hūnlǐ	명 결혼식	99
活泼 huópo	형 활발하다, 생동감이 있다	115
货物 huòwù	명 화물, 물품	115

J

机会 jīhuì	명 기회	98
机票 jīpiào	명 비행기 표, 항공권	15
系 jì	동 매다, 묶다	25
既然 jìrán	접 기왕 ~인 이상, ~된 만큼	85
寄存 jìcún	동 (물건을) 맡겨 두다, 보관하다	75
价款 jiàkuǎn	명 대금, 값	115
检查 jiǎnchá	동 검사하다	175
简直 jiǎnzhí	부 그야말로, 너무나, 전혀	125
讲究 jiǎngjiu	동 중시하다, ~에 신경 쓰다	115
讲义气 jiǎng yìqi	의리를 중시하다	188
接 jiē	동 마중하다, 받다	35
结账 jiézhàng	동 결산하다, 결제하다	75
斤斤计较 jīn jīn jì jiào	성 사소한 것을 시시콜콜 따지다	185
金钱 jīnqián	명 금전	188
进一步 jìnyíbù	부 (한 걸음 더) 나아가, 진일보하여	175
禁酒令 jìnjiǔlìng	명 금주령	159
禁止 jìnzhǐ	동 금지하다	175
经济舱 jīngjìcāng	명 (비행기·선박 등의) 일반석, 보통석	15
经济危机 jīngjì wēijī	경제 위기	189
敬 jìng	동 (술·음식을) 공손하게 올리다	135
久 jiǔ	형 오래다, 시간이 길다	79
久仰久仰 jiǔyǎng jiǔyǎng	존함은 익히 들었습니다	95
酒店 jiǔdiàn	명 호텔	45
酒逢知己千杯少 jiǔ féng zhī jǐ qiān bēi shǎo	술이 지기를 만나면 천 잔으로도 부족하다	135
句 jù	양 마디, 구	48
聚 jù	동 모이다, 회합하다	88
聚会 jùhuì	명 모임	85
决定 juédìng	동 결정하다	138

K

开 kāi	동	발급하다, 써 주다	75
开拓 kāituò	동	개척하다	105
靠 kào	동	기대다, 접근하다	15
靠不住 kào bu zhù		믿을 수가 없다	19
可 kě	부	정말로, 틀림없이, 그러나	85
可靠 kěkào	동	믿을 만하다	185
客户群 kèhùqún		고객층	99
空间 kōngjiān	명	공간	115
空姐 kōngjiě	명	스튜어디스	25
口味儿 kǒuwèir	명	입맛	125
款式 kuǎnshì	명	디자인, 스타일	95
筐 kuāng	명	바구니	175
矿泉水 kuàngquánshuǐ	명	생수	25

L

老乡 lǎoxiāng	명	고향 사람	108
离开 líkāi	동	떠나다	55
了解 liǎojiě	동	이해하다	28
领带 lǐngdài	명	넥타이	155
流行 liúxíng	동	유행하다	98
楼上 lóushàng	명	위층	79
旅行箱 lǚxíngxiāng		여행 가방	15
旅游景点 lǚyóu jǐngdiǎn	명	관광지, 관광 명소	165

M

嘛 ma	조	~잖아요	35
满 mǎn	형	가득 차다	88
毛毯 máotǎn	명	담요	25
没法 méi fǎ		~할 방법이 없다	145
美食家 měishíjiā	명	미식가	129

免费 miǎnfèi	동	돈을 받지 않다, 무료로 하다	65
勉强 miǎnqiǎng	동	억지로 ~하다	135
面向 miànxiàng	동	~로 향하다, ~를 겨냥하다	95
名单 míngdān	명	명단	55
名片夹 míngpiànjiā		명함 케이스	155
明白 míngbai	동 알다 형 명백하다		78
模仿 mófǎng	동	모방하다	108
模特儿 mótèr	명	모델	155

N

拿 ná	동	쥐다, 받다, 가지다	15
哪里哪里 nǎli nǎli		천만에요, 별말씀을요	125
那还用说 nà hái yòng shuō		말할 것도 없지, 두말하면 잔소리	95
那种人 nà zhǒng rén		그런 사람	185
男子汉大丈夫 nánzǐhàn dàzhàngfu	명	사내대장부	135
内行 nèiháng	명	전문가, 숙련가	105
年轻 niánqīng	형	젊다, 어리다	95
女强人 nǚqiángrén		유능한 여성	185

O

哦 ò	감탄	(어떤 사실이나 상황에 대해 깨달았을 때의) 아, 오	35

P

派 pài	동	파견하다, 보내다	85
陪 péi	동	동반하다, 모시다	135
拼命 pīnmìng	동	온 힘을 다하다	158
品牌 pǐnpái	명	브랜드	105
破例 pòlì	동	통례를 깨다	135

찾아보기

破裂 pòliè	통 결렬되다	139

Q

旗袍 qípáo	명 치파오	145
起飞 qǐfēi	통 이륙하다	25
签合同 qiān hétong	계약하다	185
签名 qiānmíng	통 사인하다	75
前排 qiánpái	명 앞줄	15
墙 qiáng	명 벽	19
巧 qiǎo	형 공교롭다, 꼭 맞다	85
亲自 qīnzì	부 친히, 직접	35
情形 qíngxíng	명 정황, 상황	189
取 qǔ	통 (물건을) 찾다	75

R

让 ràng	통 양보하다	19
热 rè	명 붐	98
任何人 rènhé rén	누구나	18
日程 rìchéng	명 일정, 스케줄	88
日期 rìqī	명 날짜, 기간, 기일	165
入境 rùjìng	통 입국하다	35
入境卡 rùjìngkǎ	명 입국 카드	25
入席 rùxí	통 자리에 앉다	125
瑞士军刀 Ruìshì jūndāo	스위스 빅토리녹스 (Victorinox), 맥가이버 칼	175

S

上 shàng	통 오르다, (학교에) 다니다	45
上帝 shàngdì	명 하느님	115
上飞机 shàng fēijī	비행기에 오르다	15
上网 shàngwǎng	통 로그인하다, 인터넷을 하다	65
少数民族 shǎoshù mínzú	명 소수 민족	155
舍命陪君子 shěmìng péi jūnzǐ	목숨을 바쳐 주군을 모시다	135
设宴 shèyàn	통 연회를 베풀다	125
什么的 shénmede	대 ~등, ~같은 것	15
生动 shēngdòng	형 생기가 있다	115
省 shěng	통 절약하다	175
省钱 shěngqián	통 돈을 절약하다	179
盛情招待 shèngqíng zhāodài	융숭하게 대접하다	135
剩下 shèngxià	통 남다, 남기다	115
时尚 shíshàng	명 시대적 유행, 시류	155
实在 shízài	부 정말로 / 형 진실하다	145
使用 shǐyòng	통 사용하다	65
收费 shōufèi	통 돈을 받다	65
收银台 shōuyíntái	명 카운터, 계산대	145
手工 shǒugōng	명 수공	155
手续 shǒuxù	명 수속	35
受……的欢迎 shòu……de huānyíng	~에게 인기가 있다, ~에게 환영을 받다	105
受累 shòulèi	통 고생하다, 수고하다	165
售出 shòuchū	명 매출 / 통 매출하다, 팔다	115, 149
售后服务 shòuhòu fúwù	명 애프터 서비스(AS)	118
蔬菜 shūcài	명 채소	178
帅哥 shuàigē	핸섬보이	35
税 shuì	명 세금	58
顺便 shùnbiàn	부 ~하는 김에, 겸사겸사	25
顺利 shùnlì	형 순조롭다, 일이 잘 되어 가다	185
顺序 shùnxù	명 순서	189
说明 shuōmíng	통 설명하다, 입증하다	185
说实话 shuō shíhuà	솔직히 말해서	135

死板 sǐbǎn	형 고지식하다	148
算 suàn	동 계산하다, ~인 셈이다	65, 105
随身 suíshēn	동 몸에 지니다, 휴대하다	15
随时 suíshí	부 수시로, 언제나, 아무 때나	65

T

谈 tán	동 말하다, 얘기하다	45
谈判 tánpàn	동 협상하다, 회담하다	139
特产 tèchǎn	명 특산물, 특산품	125
提供 tígōng	동 제공하다	105
替 tì	동 ~를 대신하다 전 ~를 위해, ~때문에	165
天堂 tiāntáng	명 천국	129
跳槽 tiàocáo	동 이직하다	138
通关 tōngguān	명 통관	122
同时 tóngshí	명 동시 접 동시에	105
同意 tóngyì	동 동의하다	48
推荐 tuījiàn	동 추천하다	155
退房 tuìfáng	동 체크아웃(check out) 하다	65
退货 tuìhuò	동 환불하다	145
托运 tuōyùn	동 운송을 위탁하다	15

W

外语 wàiyǔ	명 외국어	18
网 wǎng	명 인터넷, 조직, 망	55
往返 wǎngfǎn	동 왕복하다	165
忘 wàng	동 잊다	25
为 wéi	동 ~로 삼다	115
围 wéi	동 둘러싸다	179
为了 wèile	전 ~을 하기 위하여	128
为……洗尘 wèi……xǐchén	~에게 환영회를 열어 주다	125
卫生 wèishēng	명 위생 형 위생적이다	115
问好 wènhǎo	동 안부를 묻다, 문안을 드리다	165
无线 wúxiàn	명 무선	65
五星级 wǔ xīngjí	5성급	59
物品 wùpǐn	명 물품	175
误点 wùdiǎn	동 연착하다	179
雾大 wù dà	안개가 짙다	39

X

西服 xīfú	명 양복	35
洗尘 xǐchén	동 멀리서 온 사람에게 연회를 베풀어 환영하다	125
系列 xìliè	명 시리즈	105
下岗 xiàgǎng	동 실직하다	98
下海 xiàhǎi	동 사업을 시작하다	95
下来 xiàlai	내려오다	75
咸 xián	형 짜다	159
线 xiàn	명 선, 노선	45
香菜 xiāngcài	명 고수(식물), 샹차이	125
想象 xiǎngxiàng	명 상상 동 상상하다	185
向 xiàng	전 ~를 향해서, ~쪽으로	165
像……一样 xiàng……yíyàng	~처럼 ~하다	155
销路 xiāolù	명 (상품의) 판로	95
销售 xiāoshòu	동 판매하다	95
销售量 xiāoshòuliàng	명 판매량	105
小弟 xiǎodì	명 저, 소생	125
小生意 xiǎo shēngyi	소규모 장사	188
协会 xiéhuì	명 협회	185
携程旅行网 Xiéchéng Lǚxíng Wǎng 시에청 여행 사이트		68
携带 xiédài	동 휴대하다	15
信誉 xìnyù	명 신용, 명성	185
行李 xíngli	명 짐, 여행짐	15

찾아보기

形象 xíngxiàng	명 이미지	115

Y

押金 yājīn	명 보증금, 담보금	55
押金单 yājīndān	명 보증금 영수증	75
严格 yángé	형 엄격하다	159
样 yàng	양 종류, 형태	175
样品 yàngpǐn	명 견본품, 샘플	62, 105
谣言 yáoyán	명 소문	178
要不 yàobù	접 그렇지 않으면, 아니면	45
要是 yàoshi	접 만약 ~라면	45
钥匙圈 yàoshiquān	명 열쇠고리	155
一把好手 yì bǎ hǎoshǒu	어떤 일에 재능이 있는 사람	188
一代 yídài	명 한 세대, 동일 연배의 사람	95
一定 yídìng	형 일정한, 어느 정도의	185
一路平安 yí lù píng ān	가시는 길이 평안하시길 빕니다	165
一律 yílǜ	부 일률적으로, 다	145
一切 yíqiè	대 일체, 전부	115
遗憾 yíhàn	동 유감이다	139
疑问 yíwèn	명 의문, 의혹	68
以茶代酒 yǐ chá dài jiǔ	차로 술을 대신하다	135
艺术 yìshù	명 예술	118
意思 yìsi	명 뜻, 의미	105
英文名 Yīngwénmíng	명 영문 이름	55
影响力 yǐngxiǎnglì	명 영향력	185
用 yòng	동 (음식을) 먹다, 사용하다	125
用不着 yòngbuzháo	~할 것 없다	118
用餐 yòngcān	동 식사하다	55
佣金 yòngjīn	명 중개 수수료, 커미션	115
游乐园 yóulèyuán	명 놀이공원	115
有道理 yǒu dàolǐ	일리가 있다, 이치에 맞다	115
有线 yǒuxiàn	명 유선	65
预订 yùdìng	동 예약하다	55
圆满 yuánmǎn	형 원만하다, 훌륭하다	135
圆珠笔 yuánzhūbǐ	명 볼펜	19
愿意 yuànyì	동 원하다	89, 185

Z

杂志 zázhì	명 잡지	155
再次 zàicì	부 재차, 거듭	165
再确认 zài quèrèn	재확인하다	165
在……上 zài……shàng	~에서	55
早餐 zǎocān	명 아침 식사	55
早就 zǎojiù	부 일찌감치, 벌써	35
怎么回事 zěnme huí shì	어떻게 된 일인가?	175
账单 zhàngdān	명 명세서	75
真是 zhēnshi	부 정말, 사실은, 참	85
正好 zhènghǎo	형 딱 맞다, 꼭 맞다	158
直销店 zhíxiāodiàn	명 직영점	115
值机员 zhíjīyuán	명 지상직 승무원	15
质量 zhìliàng	명 품질	119
中档 zhōngdàng	형 중급의	105
中国通 Zhōngguótōng	명 중국통	125
终于 zhōngyú	부 마침내, 결국	35
钟头 zhōngtóu	명 시간	45
诸位 zhūwèi	대 제위, 여러분	125
主要 zhǔyào	형 주요한 부 주로, 대부분	95
助兴 zhùxìng	동 분위기를 돋우다	128
专卖店 zhuānmàidiàn	명 전문점	145
装 zhuāng	동 담다, ~인 척하다	15
着想 zhuóxiǎng	동 고려하다, 염두에 두다	115
资信 zīxìn	명 자금력과 신용도, 신용	185
走势 zǒushì	명 추세	189
最好 zuìhǎo	부 ~하는 게 가장 좋다	55

遵守 zūnshǒu	동 준수하다	159
座位 zuòwèi	명 좌석, 자리	15

고유명사

港汇广场 Gǎnghuì Guǎngchǎng	고유 강후에이센터, 그랜드 게이트웨이(grand gateway) 백화점	65
杭州 Hángzhōu	고유 항저우	168
衡山路酒吧街 Héngshān Lù Jiǔbā Jiē	고유 헝산루 카페 거리	65
建国宾馆 Jiànguó Bīnguǎn	고유 지엔구어 호텔	35
青海 Qīnghǎi	고유 칭하이	131
上海体育场 Shànghǎi Tǐyùchǎng	고유 상하이 스타디움	65
深圳 Shēnzhèn	고유 선전	28
仙女服装有限公司 Xiānnǚ Fúzhuāng Yǒuxiàn Gōngsī	고유 선녀어패럴	35
新加坡 Xīnjiāpō	고유 싱가포르	105
徐家汇 Xújiāhuì	고유 쉬지아후에이	35
徐家汇公园 Xújiāhuì Gōngyuán	고유 쉬지아후에이 공원	65
银河宾馆 Yínhé Bīnguǎn	고유 인허 호텔, 갤럭시 호텔	45

맛있는 중국어 기본서 시리즈

독해의 달인이 되는 필독 기본서
재미와 감동, 문화까지 맛있게 독해하자

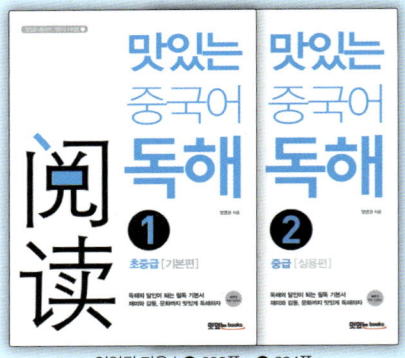

엄영권 지음 | ❶ 228쪽 · ❷ 224쪽
각 권 값 14,500원(MP3 파일 무료 다운로드)

작문의 달인이 되는 필독 기본서
어법과 문장구조, 어감까지 익혀 거침없이 작문하자

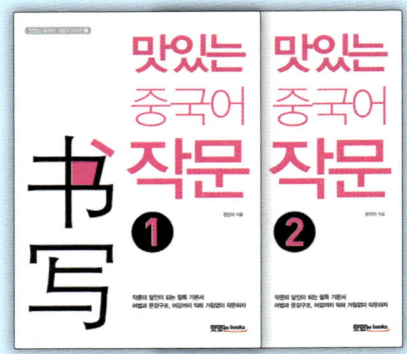

한민이 지음 | 각 권 204쪽 | 각 권 값 13,500원

중국어의
달인이 되는
필독 기본서

어법의 달인이 되는 필독 기본서
중국어 어법 A to Z 빠짐없이 잡는다

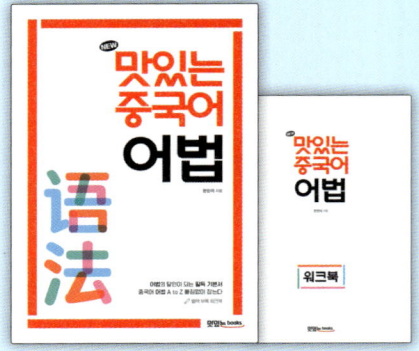

한민이 지음 | 280쪽 | 값 17,500원
(본책+워크북+발음 MP3 파일 무료 다운로드)

듣기의 달인이 되는 필독 기본서
듣기 집중 훈련으로 막힌 귀와 입을 뚫는다

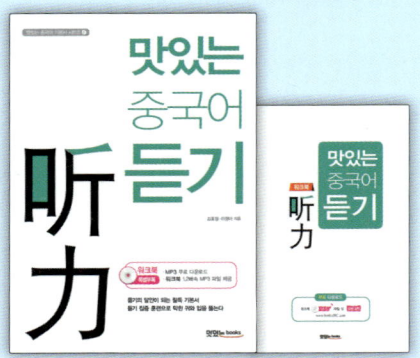

김효정·이정아 지음 | 232쪽 | 값 15,000원
(본책+워크북+MP3 파일 무료 다운로드)

퍼스트 중국어 시리즈

중국어 1등 학습 내비게이션
퍼스트 중국어 ❶ ❷

김준헌, 왕혜경 저 | 234쪽 | 15,000원

김준헌, 왕혜경 저 | 240쪽 | 15,000원

중국어 달인이 되는 학습 포인트

 상세한 설명과 반복 연습으로 발음 정복!!

 주요 표현 40 문장으로 문형 정복!!

 도식화된 어순으로 쉽게 어법 정복!!

 문장, 회화 반복 학습으로 회화 정복!!

 다양한 문제로 듣기 연습하며 듣기 정복!!

 워크북으로 꼼꼼히 복습하며 쓰기 정복!!

맛있는 중국어 HSK 단어장 시리즈

HSK 필수 단어 30일 완성!
맛있는 중국어 HSK 단어장

동영상 강의
1-4급

암기 노트
5급

양영호·박현정 저 | 616쪽 | 14,000원

JRC 중국어연구소 저 | 636쪽 | 15,500원

특징 1
주제별 분류로 연상 학습이 가능한 단어장

특징 2
HSK 포인트와 기출 예문이 한눈에!

특징 3
단어 암기부터 HSK 실전 문제 적용까지 한 권에!

특징 4
발음이 정확한 원어민 성우의 녹음 QR코드 수록

맛있는 중국어 HSK 시리즈

THE 맛있게
THE 쉽게 즐기세요!

시작에서 합격까지 **4주 완성!**

박수진 저 | 19,500원

기본서, 해설집, 모의고사 All In One 구성

한눈에 보이는 공략	간략하고 명쾌한	실전에 강한	

기본서	해설집	모의고사	필수단어 300

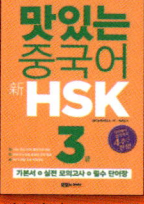
박수진 저 | 22,500원

왕수인 저 | 23,500원

장영미 저 | 24,500원

JRC 중국어연구소 저 | 25,500원